世界技能大赛知识普及读本

(第三版)

世界技能大赛中国组委会

中国人力资源和社会保障出版集团

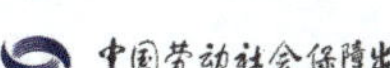

中国人事出版社

图书在版编目（CIP）数据

世界技能大赛知识普及读本/世界技能大赛中国组委会组织编写. -- 3版. -- 北京：中国劳动社会保障出版社：中国人事出版社，2019.9

ISBN 978-7-5167-4224-2

Ⅰ.①世… Ⅱ.①世… Ⅲ.①职业技能-竞赛-基本知识-世界 Ⅳ.①C975

中国版本图书馆CIP数据核字（2019）第202413号

中国劳动社会保障出版社
中 国 人 事 出 版 社 **出版发行**

（北京市惠新东街1号 邮政编码：100029）

*

北京华联印刷有限公司印刷装订 新华书店经销

787毫米×1092毫米 16开本 16印张 268千字

2019年10月第3版 2019年10月第1次印刷

定价：38.00元

读者服务部电话：（010）64929211/84209101/64921644

营销中心电话：（010）64962347

出版社网址：http://www.class.com.cn

习近平对我国选手在世界技能大赛取得佳绩作出重要指示强调弘扬精益求精的工匠精神激励广大青年走技能成才技能报国之路 李克强作出批示

新华社北京9月23日电　中共中央总书记、国家主席、中央军委主席习近平近日对我国技能选手在第45届世界技能大赛上取得佳绩作出重要指示，向我国参赛选手和从事技能人才培养工作的同志们致以热烈祝贺。

习近平强调，劳动者素质对一个国家、一个民族发展至关重要。技术工人队伍是支撑中国制造、中国创造的重要基础，对推动经济高质量发展具有重要作用。要健全技能人才培养、使用、评价、激励制度，大力发展技工教育，大规模开展职业技能培训，加快培养大批高素质劳动者和技术技能人才。要在全社会弘扬精益求精的工匠精神，激励广大青年走技能成才、技能报国之路。

习近平指出，我国将举办2021年上海第46届世界技能大赛。要做好各项筹备和组织工作，加强同各国在技能领域的交流互鉴，展示我国职业技能培训成就和水平，努力办成一届富有新意、影响广泛的世界技能大赛。

中共中央政治局常委、国务院总理李克强作出批示指出，技能人才是国家的宝贵资源，是促进产业升级、推动高质量发展的重要支撑。要坚持以习近平新时代中国特色社会主义思想为指导，贯彻党中央、国务院决策部署，更加重视技能人才培养，实施好职业技能提升行动，紧扣需求发展现代职业教育、办好技工院校，完善技术工人职业发展机制和政策，使更多社会需要的技能人才、大国工匠不断涌现，依托大众创业、万众创新，促进新动能成长壮大和就业增加。同时，要加强技能领域国际合作，做好第 46 届世界技能大赛筹办工作，推动形成广大青年学习技能、报效国家的浓厚氛围。

第 45 届世界技能大赛参赛总结大会 23 日在北京举行。中共中央政治局委员、国务院副总理胡春华在会上宣读了习近平重要指示和李克强批示并致辞。他在致辞中指出，技能人才是我国人才队伍的重要组成部分，要采取更加有力的措施为广大技能劳动者成长成才创造条件。要开展大规模职业技能培训，健全培养、使用、评价、激励机制，全力办好在上海举办的第 46 届世界技能大赛。希望参赛选手坚守初心，在技能成才、技能报国的道路上取得更大成绩，作出更大贡献。

世界技能大赛每两年举办一届，被誉为“世界技能奥林匹克”。今年 8 月，在俄罗斯喀山举行的第 45 届世界技能大赛上，我国选手共获得 16 金 14 银 5 铜和 17 个优胜奖，位列金牌榜、奖牌榜、团体总分第一名。第 46 届世界技能大赛将于 2021 年 9 月在上海举行。

前言

世界技能大赛（WorldSkills Competition）是最高层级的世界性职业技能赛事，由世界技能组织（WorldSkills International）每两年举办一届，被誉为“世界技能奥林匹克”，其竞技水平代表了当今职业技能发展的世界先进水平，为青年人搭建了交流经验、切磋技艺、增进友谊的重要平台。

迄今为止，世界技能组织已成功举办了 45 届世界技能大赛。我国于 2010 年加入世界技能组织，2011 年第一次参加世界技能大赛（第 41 届），首次参加 6 个项目比赛就实现了奖牌零的突破，获得 1 银和 5 个优胜奖。2013 年我国再度参赛（第 42 届），获得 1 银 3 铜和 13 个优胜奖。2015 年我国第三次参赛（第 43 届），获得 5 金 6 银 4 铜和 11 个优胜奖，实现了金牌零的突破。2017 年我国第四次出征（第 44 届），获得 15 金 7 银 8 铜和 12 个优胜奖，位列金牌数、奖牌数和团体总分第一，实现历史性重大突破。2019 年我国代表团出征喀山，在第 45 届世界技能大赛上，获得 16 金 14 银 5 铜和 17 个优胜奖的历史最好成绩，再次蝉联金牌榜、奖牌榜、团体总分第一的桂冠。五星红旗一次次在世界技能大赛的颁奖现场高高飘扬，中国青年技能健儿用耀眼的金牌和优异的成绩向世界证明了“中国制造”的实力。同时，中国上海接过世界技能组织会旗，标志着世界技能大赛正式进入中国时间、上海时刻。

习近平总书记指出，“世界技能大赛在中国举办，将有利于推动中国在技能领域的交流互鉴，带动中国全国民众尤其是近 2 亿青少年关注、热爱、投身技能活动，让中国人民有机会为世界技能运动发展做出贡献”。中国技能闪耀世界，我国在世界技能大赛上取得的成绩，代表了我国职业技能发展水平。为更加充分地发挥我国参加世界技能大赛的重要作用，提高全社会对世界技能大赛的认识，普及世界技能大赛的理念，我们对 2017 年出版的《世界技能大赛知识普及读本（第二版）》内容进行了更新。

本书由世界技能大赛中国组委会组织编写，中国人力资源和社会保障出版集团负责具体设计开发工作，人力资源和社会保障部职业能力建设司、国际合作司、中国就业培训技术指导中心、国际交流服务中心、宣传中心、中国劳动保障报社、世界技能大赛中国研究中心对编写工作给予了指导和支持。

世界技能大赛中国组委会

2019 年 9 月

1 世界技能大赛概览

2 中国世赛之路

1. 世界技能大赛概览

听说我国在2019年8月22—27日举办的第45届世界技能大赛上获得了很好的成绩。
是的，这已经是中国代表团第五次参加世界技能大赛了。在俄罗斯喀山举办的第45届世界技能大赛上，中国代表团获得16金14银5铜和17个优胜奖，位居金牌榜、奖牌榜和团体总分第一。
现在就让我们踏上时空列车，去探究世界技能大赛吧！

1.1 世界技能大赛（WSC）是什么

世界技能大赛（WorldSkills Competition，WSC）是迄今全球地位最高、规模最大、影响力最大的职业技能竞赛，被誉为“世界技能奥林匹克”，其竞技水平代表了职业技能发展的世界先进水平，是世界技能组织成员展示和交流职业技能的重要平台。世界技能大赛由世界技能组织（WorldSkills International，WSI）举办，每两年一届，截至目前已成功举办 45 届。

一个国家或地区在世界技能大赛中取得的成绩在一定程度上代表了这个国家或地区的技能发展水平，反映了这个国家或地区的经济技术实力。发达国家特别是制造业强国都高度重视世界技能大赛，参加赛事会得到国家的大力支持和国民的高度关注。

1.2 世界技能大赛发展史

世界技能大赛已经有六十多年的历史，最早的比赛始于西班牙。

1946 年，西班牙国内技术工人大量短缺，为应对这一困境，时任西班牙青年组织总干事的何塞·安东尼奥·埃尔拉·奥拉索（José Antonio Elola Olaso）萌生了以职业技能竞赛吸引年轻人接受职业教育的想法。在他的授意下，时任西班牙最大技能培训中心负责人的弗朗西斯科·阿尔伯特·维达（Francisco Albert Vidal）和其他几位同事一起，将这一想法变为了现实。阿尔伯特·维达提出通过组织这项特别的行动来激发年轻人学习技能的激情，并使得他们的父母、老师和雇主相信：良好的技能训练也可以为年轻人带来光明的未来。在他的带领下，西班牙于 1947 年进行了第 1 次尝试——在国内成功举办了第 1 届全国职业技能大赛，共有约 4 000 名学徒参与其中。

随后，经过一系列努力，1950 年，西班牙与历史、文化、语言都相似的葡萄牙携手，在西班牙马德里举办了第 1 届世界技能大赛，世界技能大赛的帷幕正式拉开。作为当今世界最负盛名的技能赛事，世界技能大赛最初的赛事规模并不宏大，只有来自两个国家的 24 名青年技术工人参加。与此同时，两国在西班牙创立了世界技能组织的前身——“国际职业技能训练组织”（International Vocation Training Organization，IVTO），这个组织也就是后来各届世界技能大赛的举办者。

1953 年，在西班牙的邀请下，德国、英国、法国等欧洲国家纷纷加入“国际职业技能训练组织”。1954 年，由各成员选派的行政代表和技术代表组成的组委会成立，专门负责制定和完善竞赛规则，这种模式沿用至今。

从 20 世纪 60 年代起，日本、韩国等亚洲国家也先后加入。来自全球不同国家和地区的不同肤色的选手纷纷登上世界技能大赛的舞台，赛事规模日益壮大。时至今日，世界技能大赛已成为真正的世界级技能竞技比赛，世界技能组织各成员国家和地区的青年技术人才齐聚一堂，展示、交流各自的技能，相互学习彼此的经验，分享胜利的喜悦。

1955—1971 年，世界技能大赛每年举办一届，自 1971 年起，基本稳定为每两年举办一届。经过 67 年的发展，世界技能大赛的参赛规模从 1950 年 2 个参赛队 24 名参赛选手发展到 2019 年 63 个参赛队 1 355 余名参赛选手。2019 年 8 月 22—27 日在俄罗斯喀山举办的第 45 届世界技能大赛是迄今为止规模最大的技能竞赛。

历届世界技能大赛以在欧洲举办为主，在亚洲举办过 7 届，即第 19 届（1970 年）日本东京、第 24 届（1978 年）韩国釜山、第 28 届（1985 年）日本大阪、第 32 届（1993 年）中国台北、第 36 届（2001 年）韩国汉城（2005 年 1 月 19 日更名为“首尔”）、第 39 届（2007 年）日本静冈和第 44 届（2017 年）阿联酋阿布扎比。此外，在北美洲举办过 3 届，即第 26 届（1981 年）美国亚特兰大、第 35 届（1999 年）加拿大蒙特利尔和第 40 届（2009 年）卡尔加里；在拉丁美洲举办过 1 届，即第 43 届（2015 年）巴西圣保罗。从欧洲到亚洲、再到美洲，世界技能大赛足迹的延伸充分说明了其创意的成功之处。以技能的比拼、展示、传播为核心，以鼓励青年技术工人成长为己任，世界技能大赛从诞生之日起，就与社会生产具有紧密的联系，满足了社会发展的需求，顺应了历史的潮流。

24 名选手 2 个国家和地区

18 名选手 2 个国家和地区

65 名选手 7 个国家和地区

83 名选手 7 个国家和地区

88 名选手 8 个国家和地区

128 名选手 8 个国家和地区

144 名选手 10 个国家和地区

150 名选手 9 个国家和地区

世界技能大赛历程

173 名选手　7 个国家和地区

192 名选手　11 个国家和地区

第 11 届　1962 年　西班牙希洪

156 名选手　10 个国家和地区

第 12 届　1963 年　爱尔兰都柏林

224 名选手　13 个国家和地区

第 13 届　1964 年　葡萄牙里斯本

197 名选手　12 个国家和地区

第 14 届　1965 年　英国格拉斯哥

204 名选手　11 个国家和地区

第 15 届　1966 年　荷兰乌德勒支

220 名选手　11 个国家和地区

第 16 届　1967 年　西班牙马德里

233 名选手　11 个国家和地区

第 17 届 1968 年
瑞士伯尔尼

249 名选手 14 个国家和地区

260 名选手 15 个国家和地区

274 名选手 15 个国家和地区

第 20 届 1971 年
西班牙希洪

283 名选手 15 个国家和地区

281 名选手 15 个国家和地区

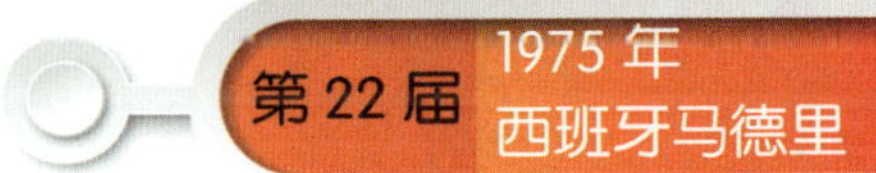

293 名选手 17 个国家和地区

291 名选手 17 个国家和地区

245 名选手 14 个国家和地区

278 名选手 14 个国家和地区

274 名选手 14 个国家和地区

314 名选手 18 个国家和地区

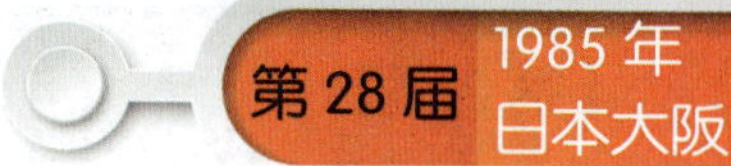

307 名选手 18 个国家和地区

351 名选手 20 个国家和地区

349 名选手 21 个国家和地区

432 名选手 25 个国家和地区

435 名选手 25 个国家和地区

506 名选手 28 个国家和地区

533 名选手 30 个国家和地区

567 名选手 33 个国家和地区

第 36 届 2001 年 韩国汉城

576 名选手 35 个国家和地区

第 37 届 2003 年 瑞士圣加伦

618 名选手 36 个国家和地区

第 38 届 2005 年 芬兰赫尔辛基

666 名选手 38 个国家和地区

第 39 届 2007 年 日本静冈

812 名选手 46 个国家和地区

847 名选手 45 个国家和地区

世界技能大赛历程

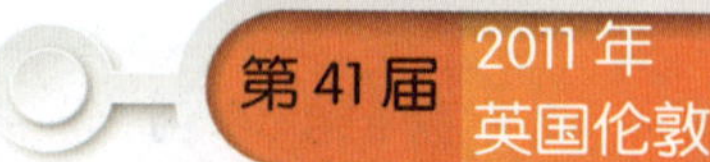

931 名选手 51 个国家和地区

第 42 届 2013 年 德国莱比锡

999 名选手 53 个国家和地区

第 43 届 2015 年 巴西圣保罗

1 186 名选手 62 个国家和地区

第 44 届 2017 年 阿联酋阿布扎比

1 260 余名选手 68 个国家和地区

第 45 届 2019 年 俄罗斯喀山

1 355 余名选手 63 个国家和地区

即将举办

第 46 届 2021 年 中国上海

世界技能组织前主席西蒙·巴特利指出，世界技能大赛能够向全世界的老师、家长、雇主展示“工匠精神”和职业技能培训的价值，让家长和老师意识到，通过职业教育、技工教育，自己的孩子或学生也可以找到满意的工作，与受到普通教育的毕业生没有任何差别。

世界技能大赛的举办机制类似于奥运会，由世界技能组织成员正式提出申办意向后，在与世界技能大赛同期举办的全体成员大会上由具备投票资质的成员投票，获绝对多数投票的候选成员将获得举办权。

1.3 世界技能大赛办赛理念

世界技能大赛是青年人展示技能的舞台，旨在促进青年技能劳动者职业能力的提升，促进世界各个国家和地区在职业技能领域的合作与交流，促进职业技能的推广。竞技不是目的，相互交流和提高才是根本。

世界技能大赛的办赛理念具体包括：

◇ 推广职业教育、技工教育和职业培训（Technical and Vocational Education and Training，TVET）。

◇ 促进职业教育、技工教育和职业培训信息交流。

◇ 促进成员国家和地区之间年轻技术人员及培训人员的经验交流与合作。

◇ 提高社会对技术人才及职业教育、技工教育和职业培训的重视。

世界技能大赛秉承开放办赛、客观公正的宗旨。

为了推广职业技能，世界技能大赛举办期间，除了正式的技能竞赛外，还会举行丰富多彩的活动，比如“一校一队”、技能展示、技能互动、高层论坛、研讨会等。在这里，要特别介绍“一校一队”活动。在“一校一队”活动中，每个代表团都会走进当地的一所学校（中、小学）开展交流活动，借此机会搭建起一个文化交流的平台，使当地学生能够近距离了解世界各个国家和地区的职业教育，以此激励学生们不断进取。

“一校一队”活动首次举办是在 2007 年，是当时第 39 届世界技能大赛主办方日本静冈组委会发起的交流活动。因为这个活动能够充分扩大职业技能的影响力，完美诠释世界技能大赛的宗旨，所以，从那以后这个活动得以延续并不断改进，现在已经成为世界技能大赛系列活动中一个非常重要的组成部分。

41届
中国代表团到伦敦Kaizen小学进行互动交流
42届
中国代表团与德国Grundschule am Adler小学进行互动交流
43届
中国代表团与巴西圣保罗EE Capitão Pedro Monteiro do Amaral小学进行互动交流
44届
中国代表团与阿布扎比哈利法城市学校（Khalifa City A School）进行互动交流
45届
中国代表团与俄罗斯喀山182综合技工学校（Kazan Polytechnic Lycee 182）进行互动交流

1.4 世界技能大赛竞赛规则

世界技能大赛发展至今，围绕公平、公正、透明的工作原则，形成了相对成熟、完善的竞赛规则。世界技能大赛竞赛规则是一套完整的文件体系，详细阐述了世界技能大赛在组织与运行、实施与管理等方面的决议和规则，涵盖竞赛各个方面。而且，随着竞赛项目的不断增加和项目要求的不断变化，每届大赛的竞赛规则都会进行一定程度的修订。

世界技能大赛竞赛规则由竞赛委员会更新，并经世界技能组织全体大会批准后生效。

世界技能大赛竞赛规则到目前为止的最新版本是 8.2 版。

所有世界技能组织成员以及世界技能大赛工作人员和参赛者都必须遵守竞赛规则。

最新版（8.2 版）世界技能大赛竞赛规则共包括 15 部分内容。具体如下：

1. 简介。规定了与大赛相关术语的定义、核心价值、处罚措施、官方竞赛文件和竞赛时间表。明确了世界技能组织的核心价值观是多元、卓越、公平、创新、正直、合作与透明。

2. 竞赛的组织。包括整体赛事管理、主办成员、竞赛主办方等信息和内容。

3. 举行的竞赛项目。包括指导原则、世界技能大赛中竞赛项目的选择、展示项目（Exhibition Skills）、竞赛项目类型、新竞赛项目的引入、竞赛项目增加和取消顾问组、竞赛项目的取消等内容。

4. 注册。包括注册、竞赛项目没有提名的首席专家或副首席专家的注册要求和方式。

5. 权限和认证。包括注册人员的职责、进入竞赛场馆的权限和进入竞赛场地的权限。

6. 人员身份。包括选手（C）、领队（TL）、技能管理团队（SMT）、竞赛项目经理（SCM）、首席专家（CE）、副首席专家（DCE）、专家（E）、技术代表（TD）、技术代表助理（TDA）、行政代表（OD）、竞赛委员会代表（CCD）、技术翻译（I）、场地经理（WM）、场地经理助理（WMA）、场地领域经理（WSM）、观察员、质量审计员（QA）、标准与评测顾问（SAA）、技能顾问（SA）、首席执行官（CEO）、技能竞赛主管、竞赛委员会主席、竞赛委员会副主席、竞赛委员会（CC）、竞赛委员会管理团队（CCMT）、秘书处、道德委员会、申诉委员会，以及健康、安全与环境检查团队等的身份要求、权限信息。

7. 竞赛项目管理。包括大赛之前、竞赛期间、比赛期间和竞赛之后的项目管理要求。

8. 技术说明。包括内容和范围、优先级、可用性、更新与生效、技

能特定规则等内容。

9. 基础设施清单。包括定义、开发、公布、材料和设备的提供、丢失物品、替代 / 补充材料、选手个人工具等内容。

10. 测试项目。包括定义、时长和范围 、使用的材料和设备、格式、第三方参与、质量保证与控制 、时间表和人员、选择、保密、予以公布和不予公布的测试项目、对选手关于测试项目和评测的简介、翻译、知识财产的分享、完成的测试项目的安全性、完成的测试项目的所有权、专家在测试项目准备和评测中的参与总结等内容。

11. 评测与打分。包括概述、世界技能标准规范（WSSS）、评测方法、评测培训、评分方案（Marking scheme）、评测与打分流程 、分数的最终确定、完成的测试项目的安全性、结果的公布、奖牌与奖项等内容。

12. 问题与争议。包括政策与规则的等级，主要术语的定义，原则，流程，决议、沟通和时间要求，处罚，申诉流程和时间，记录保留和结果，委员会的任命等内容。

13. 沟通 / 通信。包括竞赛主办方、成员组织传媒活动、摄像与摄影。

14. 健康、安全与环境。包括对竞赛主办方，成员，技术代表，专家，技能管理团队、专家和场地经理，世界技能组织秘书处，审核团队等关于健康、安全与环境方面的要求以及可持续发展等原则内容。

15. 试点项目。包括定义和目的 、2019 年世界技能大赛优秀评分试点项目等内容。

这些全面而细致的规则，确保了大赛组织、赛题开发、赛场准备、竞赛实施、竞赛评分、成绩公布和表彰整个过程能够公平、有序、科学、规范地进行。

1.5 世界技能大赛竞赛项目

世界技能大赛已经延续了数十年，而劳动力市场、经济和社会已从稳定转变为动态，从可预测转变为灵活多变。新技术对职业工作本身提出了多方面的挑战。因此，世界技能大赛现在需要更加灵活、反应迅速，并以最新资讯为导向来选择和组织其竞赛项目。主要的选择原则包括：

◇ 流动性（mobility）：项目应包含可以应用在多场景中的技能，使得比赛中的技能在工作和生活中也可以持续地、变化地使用和提高。

◇ 联通性（connectivity）：项目应支持职业教育和培训，适应劳动力市场、经济和社会的发展。

◇ 优化（optimization）：项目应基于传统或现今的技能和岗位，符合全球职业和社会发展趋势。

同时，职业培训和社会的发展趋势也能够在世界技能大赛项目设置中体现出来。

发展至今，世界技能大赛竞赛项目分为了六个大类，包括：运输与物流、结构与建筑技术、制造与工程技术、信息与通信技术、创意艺术与时尚、社会与个人服务。

世界技能大赛的竞赛项目总数取决于以上的选择原则，因此参加某个项目的成员组织应在项目正式确定后，再最终选定参赛选手。在开幕式前 12 个月时，当届世赛设定的竞赛项目将会被确定。

世界技能大赛项目应按照如下顺序选择确定：

◇ 第一，所有的正式项目。

◇ 第二，所有新的正式项目（以前的演示项目）。

◇ 第三，一个主办国项目。

◇ 第四，三年或三年以上的正式竞赛项目，包括 12 或 13 个参与成员。

最终由大赛主办方确定项目。

2019 年举办的第 45 届世界技能大赛共设置 56 个竞赛项目，既有火花飞溅的焊接项目，也有香气四溢的烹饪项目，能看到大开大合的车身修理项目，也能体会细致入微的花艺项目，还有看似波澜不惊实则大量代码在计算机中飞速运行的网站设计与开发项目。

运输与物流 Transportation and Logistics

1. 飞机维修（Aircraft Maintenance）
2. 车身修理（Autobody Repair）
3. 汽车技术（Automobile Technology）
4. 汽车喷漆（Car Painting）
5. 重型车辆维修（Heavy Vehicle Technology）
6. 货运代理（Freight Forwarding）

结构与建筑技术 Construction and Building Technology

1. 建筑石雕（Architectural Stonemasonry）
2. 砌筑（Bricklaying）
3. 家具制作（Cabinetmaking）
4. 木工（Carpentry）
5. 混凝土建筑（Concrete Construction Work）
6. 电气装置（Electrical Installations）
7. 精细木工 （Joinery）
8. 园艺（Landscape Gardening）
9. 油漆与装饰（Painting and Decorating）
10. 抹灰与隔墙系统 （Plastering and Drywall Systems）
11. 管道与制暖（Plumbing and Heating）
12. 制冷与空调（Refrigeration and Air Conditioning）
13. 瓷砖贴面（Wall and Floor Tiling）

制造与工程技术 Manufacturing and Engineering Technology

1. 数控铣（CNC Milling）
2. 数控车（CNC Turning）
3. 建筑金属构造（Construction Metal Work）
4. 电子技术 （Electronics）
5. 工业控制（Industrial Control）
6. 工业机械装调（Industrial Mechanic Millwright）
7. 制造团队挑战赛（Manufacturing Team Challenge）
8. CAD 机械设计（Mechanical Engineering CAD）
9. 机电一体化（Mechatronics)
10. 移动机器人（Mobile Robotics)
11. 塑料模具工程（Plastic Die Engineering)
12. 综合机械与自动化（Polymechanics and Automation)
13. 原型制作（Prototype Modelling)
14. 焊接 （Welding)
15. 水处理技术（Water Technology）
16. 化学实验室技术（Chemical Laboratory Technology）

信息与通信技术
Information and Communication Technology

1. 信息网络布线（Information Network Cabling）
2. 网络系统管理（IT Network Systems Administration）
3. 商务软件解决方案（IT Software Solutions for Business）
4. 印刷媒体技术（Print Media Technology）
5. 网站设计与开发（Web Technologies）
6. 网络安全（Cyber Security）
7. 云计算（Cloud Computing）

创意艺术与时尚
Creative Arts and Fashion

1. 时装技术（Fashion Technology）
2. 花艺（Floristry）
3. 平面设计技术（Graphic Design Technology）
4. 珠宝加工（Jewellery）
5. 商品展示技术（Visual Merchandising）
6. 3D 数字游戏艺术（3D Digital Game Art）

社会与个人服务
Social and Personal Services

1. 烘焙（Bakery）
2. 美容（Beauty Therapy）
3. 糖艺 / 西点制作（Pâtisserie and Confectionery）
4. 烹饪（西餐）（Cooking）
5. 美发（Hairdressing）
6. 健康和社会照护（Health and Social Care）
7. 餐厅服务（Restaurant Service）
8. 酒店接待（Hotel Reception）

1.6 新正式项目的申报方式

第一步：在比赛前两年的竞赛委员会代表会议上，提议新的正式项目。

第二步：在比赛开始前20个月向世界技能组织提交提案。

第三步：“增加和取消竞赛项目顾问组（Skills In Skills Out Advisory Group）”将根据指导原则选择最优秀提案。申报组织可以就提议的新的正式项目进行不超过5分钟的介绍。

第四步：在比赛开始前18个月，申报组织对成功申报的新的正式项目进行网络会议答疑。

第五步：新正式竞赛项目将在比赛开始前15个月时起与所有正式项目一起进行预注册。

第六步：新正式竞赛项目的申报组织将被邀请在比赛开始前12个月向全体成员大会期间的竞赛委员会做最后陈述。

水处理技术项目

酒店接待项目

化学实验室技术项目

网络安全项目

云计算项目

1.7 世界技能大赛竞赛题目

世界技能大赛竞赛题目的产生有着一套科学、规范的流程。竞赛题目是各技能竞赛测评的载体。世界技能组织公布的各竞赛项目的技术说明中规定了该项目竞赛题目的结构、开发、生效、选择、发布与变化情况等。每个项目竞赛题目被分为相对独立的若干模块，在4天的竞赛中依次进行。每个模块完成后，各国家或地区的专家立即共同对竞赛结果评判打分，每日录入并锁定打分结果，在全部竞赛内容结束后及时公布成绩。

各项目情况不同，其竞赛题目的开发者也有所不同，有的是个别专家，有的是由一定数量专家组成的专家组，有的是全体专家，也有的是世界技能组织选定的第三方机构。

世界技能组织要求竞赛题目的设计应当注意机会最优化，能够最大限度区分选手的表现。此外，设计竞赛题目时还要考

虑场地、基础设施以及所需资源使用的最小化等因素。

竞赛题目开发完成后，一般通过两种方式选择确定：一是由专家投票确定；二是由技能竞赛经理（Skill Competition Manager，SCM）在赛前（或裁判们在竞赛时）随机抽取。若竞赛题目由第三方机构设计，则专家不参与选择过程。

竞赛题目确定后，与之一起设计开发的完整评分方案将按照该竞赛项目技术说明中规定的时间公布。如提前将竞赛题目向参赛者公布，则比赛时专家需在大赛主办方所提供的设备与材料限制下对工作内容做出至少 30% 的变更。

为保证公平，只有负责赛题开发的专家在竞赛题目开发阶段可以知晓内容，未经技能竞赛经理同意，专家不得邀请其他人员协助。如需邀请其他人员或第三方机构参与，则必须征得技能竞赛经理书面同意，且要求所有相关人员都必须认真学习和遵守职业道德与行为规范，并签署保密协议。

大赛期间，一旦专家开始准备竞赛题目的相关工作，按照技能特定规则（skill-specific rules），针对需要对赛题保密的项目，所有纸张、图表、笔记、计算机以及数据存储设备等都需置于场地内指定存储地点做保密储存，不得带出。任何违反保密规定的人员会根据大赛相关规定受到处罚。

1.8 世界技能大赛参赛选手要求

在世界技能大赛的舞台上，年轻人担当主角。世界技能组织规定，绝大多数参赛选手年龄在大赛当年不得超过22周岁，特殊的技能竞赛项目如果需要放宽年龄限制，则必须经专家提议、竞赛委员会同意，并在赛前12个月召开的全体大会上获批后方可执行。目前，获准放宽年龄限制的项目有信息网络布线、机电一体化、制造团队挑战赛和飞机维修，在大赛当年这4个项目参赛选手的年龄不得超过25周岁。

世界技能大赛对所有符合年龄要求的年轻人"敞开大门"，没有任何在职或者在学等身份的限制。

世界技能组织规定，每个成员在每个技能竞赛项目中可选派 1 名（组）选手参赛。每名选手只能参加一个项目的比赛，且只能参加一届世界技能大赛。

世界技能大赛的竞赛项目中，有的是个人参赛项目，有的是团队参赛项目。在第 45 届世界技能大赛中，团队参赛项目包括：制造团队挑战赛项目，每一参赛组由 3 名选手组成；机电一体化、园艺、移动机器人、混凝土建筑和网络安全 5 个项目，每一参赛组由 2 名选手组成。

园艺项目

移动机器人项目

制造团队挑战赛项目

机电一体化项目

混凝土建筑项目

网络安全项目

1.9 世界技能大赛竞赛形式

世界技能大赛既是一种国际技能交流的赛事，也是一种开放式和展示性的活动。每届世界技能大赛都会在公共会展场馆举行，面向社会公众全程开放，而且赛场上还会设置各种各样的观众体验和互动活动，公众除了参观，还可以体验技能操作，或作为志愿者参与到项目竞赛中（美容、美发、餐厅服务等项目竞赛中所服务的部分对象是现场招募的）。

具体来说，世界技能大赛的竞赛形式呈现出以下特点：

◇来自各个国家（地区）的观众可以进入竞赛场馆，近距离参观选手的竞赛过程。

◇各项目的比赛区域周围只有一圈约1米高的围栏，观众可以站在围栏外面看到竞赛选手的每一个动作。

◇赛场设有“技能表演区”和“互动体

验区”，参观者可以亲身体验技能操作。

◇大赛前夕，主办方通常会开展大量推广宣传活动，吸引技工院校等职业院校、中小学生及其家长、社会各方人士入场观摩。

中小学生往往是赛场观众中最为活跃的群体，一方面，他们可以看到各种各样先进的、新奇的技能；另一方面，通过尝试和体验，他们能在不知不觉中发现自己的兴趣。

这正是世界技能大赛主办方所希望看到的，他们希望孩子们在亲身体验各种职业技能之后，能够对技工教育和职业教育产生更多的兴趣，认识到未来不是只有普通教育一条道路。

小朋友体验技能操作

第 45 届世界技能大赛现场，喀山当地学生来参观比赛

1.10 世界技能大赛赞助商

世界技能大赛是全球技能的大比拼，它的成功举办是各方综合作用的结果。每届大赛上，世界技能组织和大赛主办方在宣传与招商方面都会倾注大量的心血，使设备和资金得到保障。

世界技能组织的赞助商主要包括世界技能组织全球高级合作伙伴、世界技能组织全球行业合作伙伴和世界技能组织全球供应商。

世界技能组织全球高级合作伙伴

SAMSUNG　StanleyBlack&Decker

世界技能组织全球行业合作伙伴

世界技能组织全球供应商

每届大赛的主办方还会吸引其他各类企业参与大赛，拓展大赛的资金渠道。诸多的企业展位已经成为世界技能大赛上另一道风景线。

伴随着我国参加世界技能大赛的日益深入，我国企业也逐渐参与到这项国际赛事中。

广东唯康教育科技股份有限公司是我国第一家世界技能组织全球行业合作伙伴，广东三向教学仪器制造有限公司和广东唯康教育科技股份有限公司分别作为电子技术和信息网络布线项目的官方赞助商和设备提供商参与到第 45 届世界技能大赛中。世界技能大赛是中国品牌走向世界，也是展现中国制造风采的重要平台和良好机会。

worldskills

China Station

SUNSO
worldskills
Kazan 2019

Vcom
唯康教育
worldskills
Global Industry Partner
GUANGDONG VCOM EDUCATION TECHNOLOGY CO. LTD
广东唯康教育科技股份有限公司
The First Chinese Industry Member of WorldSkills " Global Industry Partner"

1.11　世界技能大赛奖牌与奖项

在世界技能大赛所有正式项目中排名第一、第二、第三的选手原则上分别获得金牌、银牌、铜牌。

下面展示的就是 2019 年第 45 届世界技能大赛上颁发的金牌、银牌和铜牌。

但是，在世界技能大赛上，金牌、银牌或铜牌的获得者在很多时候不是唯一的，如果两名（组）

及两名（组）以上选手最终得分的分差小于 2 分，大赛允许选手以下列方式并列获奖：

◇ 两枚金牌，无银牌，一枚或一枚以上铜牌。
◇ 三枚及三枚以上金牌，无银牌。此外，若最后一名（组）金牌选手与后一名（组）选手分差不超过 2 分，可颁发一枚或一枚以上铜牌。
◇ 一枚金牌，两枚或两枚以上银牌。此外，若最后一名（组）银牌选手与后一名（组）选手分差不超过 2 分，可颁发一枚或一枚以上铜牌。
◇ 一枚金牌、一枚银牌、两枚或两枚以上铜牌。

除金牌、银牌、铜牌之外，每个竞赛项目还会在选手中评选出优胜奖获得者。优胜奖通常由多名（组）选手获得，选手得分达到或超过 700 分但未获奖牌者可获得优胜奖。另外，世界技能大赛还设置了“国家（地区）最优选手”“阿尔伯特·维达大奖”等奖项。

通常，每个参赛国家或地区参赛选手中得分最高或获最高奖牌且获本国（地区）技术代表提名者将被授予“国家（地区）最优选手”奖项。在第 45 届世界技能大赛上，我国数控铣项目选手黄晓呈获此殊荣（右上）。

阿尔伯特·维达大奖是以世界技能组织创始人阿尔伯特·维达先生的名字命名的奖项，该奖项用于奖励每一届世界技能大赛获得所有参赛项目最高分的选手。在第 44 届世界技能大赛上，我国工业机械装调项目选手、江苏省常州技师学院学生宋彪荣膺此奖项（右下）。

世界技能大赛上所有未获得奖牌或奖项的参赛选手可以获得参赛证书，这同样是一种荣誉。

世界技能大赛奖牌榜

(2001—2019年)

worldskills

1 韩国
金牌 /111 银牌 /64 铜牌 /59 奖牌 /234

2 日本
金牌 /63 银牌 /29 铜牌 /40 奖牌 /132

3 瑞士
金牌 /61 银牌 /54 铜牌 /49 奖牌 /164

4 巴西
金牌 /38 银牌 /37 铜牌 /33 奖牌 /108

5 奥地利
金牌 /38 银牌 /20 铜牌 /21 奖牌

6 中国
金牌 /36 银牌 /29 铜牌 20 奖牌 /85

7 中国台北
金牌 /31 银牌 /34 铜牌 54 奖牌 /119

8 法国
金牌 /27 银牌 /28 铜牌 27 奖牌 /82

9 新加坡
金牌 /23 银牌 /8 铜牌 14 奖牌 /45

10 德国
金牌 /21 银牌 /28 铜牌 16 奖牌 /65

11 英国

金牌 /20　银牌 /13　铜牌 /25　奖牌 /58

12 俄罗斯

金牌 /20　银牌 /8　铜牌 /5　奖牌 /33

13 意大利南蒂罗尔

金牌 /19　银牌 /17　铜牌 /26　奖牌 /62

14 爱尔兰

金牌 /18　银牌 /4　铜牌 /10　奖牌 /32

15 芬兰

金牌 /14　银牌 /14　铜牌 /21　奖牌 /49

16 澳大利亚

金牌 /13　银牌 /21　铜牌 /21　奖牌 /55

17 泰国

金牌 /10　银牌 /11　铜牌 /7　奖牌 /28

18 加拿大

金牌 /8　银牌 /11　铜牌 /16　奖牌 /35

19 挪威

金牌 /5　银牌 /3　铜牌 /8　奖牌 /16

20 列支敦士登

金牌 /5　银牌 /1　铜牌 /4　奖牌 /10

world skills

21 荷兰

金牌 /4　银牌 /7　铜牌 /7　奖牌 /18

22 瑞典

金牌 /3　银牌 /15　铜牌 /17　奖牌 /35

23 丹麦

金牌 /2　银牌 /5　铜牌 /6　奖牌 /13

24 匈牙利

金牌 /2　银牌 /1　铜牌 /1　奖牌 /4

25 印度尼西亚

金牌 /1　银牌 /6　铜牌 /4　奖牌 /11

26 中国澳门

金牌 /1　银牌 /3　铜牌 /3　奖牌 /7

27 印度

金牌 /1　银牌 /3　铜牌 /3　奖牌 /7

28 新西兰

金牌 /1　银牌 /3　铜牌 /2　奖牌 /6

29 中国香港

金牌 /1　银牌 /1　铜牌 /2　奖牌 /4

30 比利时

金牌 /1　银牌 /0　铜牌 /2　奖牌 /3

31 美国
● 金牌 /0 ● 银牌 /7 ● 铜牌 /4 奖牌 /11

32 伊朗
● 金牌 /0 ● 银牌 /4 ● 铜牌 /7 奖牌 /11

33 葡萄牙
● 金牌 /0 ● 银牌 /1 ● 铜牌 /4 奖牌 /5

34 越南
● 金牌 /0 ● 银牌 /1 ● 铜牌 /2 奖牌 /3

35 阿联酋
● 金牌 /0 ● 银牌 /1 ● 铜牌 /0 奖牌 /1

36 拉脱维亚
● 金牌 /0 ● 银牌 /1 ● 铜牌 /0 奖牌 /1

37 马来西亚
● 金牌 /0 ● 银牌 /0 ● 铜牌 /3 奖牌 /3

38 哥伦比亚
● 金牌 /0 ● 银牌 /0 ● 铜牌 /2 奖牌 /2

39 爱沙尼亚
● 金牌 /0 ● 银牌 /0 ● 铜牌 /1 奖牌 /1

注：以上数据依据第 36~45 届世界技能大赛竞赛结果整理。

1.12 世界技能大赛开、闭幕式

与奥林匹克运动会相似，每一届世界技能大赛都会在比赛开始之前举行隆重的开幕式，在全部项目竞赛结束后举行闭幕式。

开幕式的主要议程包括各个国家（地区）代表团入场、文艺表演、选手代表宣誓、主办方和世界技能组织官员致辞等环节。

闭幕式则更为激动人心，所有项目的金、银、铜牌获得者将在闭幕式现场登台领奖，接受来自各代表团和观众的祝福，在一片震耳的欢呼声中体验成功的喜悦。此外，闭幕式上还有文艺演出、授旗（将会旗授予下届大赛主办方）等活动。

1.13 世界技能组织（WSI）是什么

世界技能组织是世界技能大赛的组织机构，其前身是“国际职业技能训练组织（IVTO）”。20 世纪 50 年代，西班牙和葡萄牙两国发起创立了“国际职业技能训练组织”，目的是感召青年人重视职业技能，引导社会和雇主重视职业技能培训，它们通过举办世界性的竞赛来实现目的。后来，在“国际职业技能训练组织”50 周年会员大会上，“国际职业技能训练组织”更名为“世界技能组织”。

世界技能组织是非政府国际组织，注册地在荷兰。

世界技能组织的宗旨是，提升公众对技能人才的认可，展示技能在实现经济发展和个人成功中的重要性。

世界技能组织的目标：

◇ 通过各成员的共同努力，促进世界技能组织的发展。

◇ 把世界技能大赛作为加强技能认同、促进技能发展的主要方式。

◇ 发展一个现代化的、灵活的组织机构，支持世界技能组织的全球性活动。

◇ 与政府、非政府组织和所选择的企业发展战略合作伙伴关系，共同为实现组织的目标而努力。

◇ 传播信息，共享知识、技能标准和世界技能组织的评价标准。

◇ 建立便利的国际联系网络，为世界技能组织的利益

相关者创造更多技能发展和技能创新的机会。

◇ 鼓励世界技能组织成员和世界范围内的年轻人加强技能、知识和文化的交流。

世界技能组织的工作职责：

◇ 通过技能竞赛、教育培训、技能推广、研究、职业发展与国际合作，把行业、政府和教育培训机构联系起来，以推动国际性的技能发展，从而确保公众能够获得相对稳定且逐步增长的经济收入，让年轻人拥有自由选择的权利。

◇ 向青年人及他们的教师、教练和雇主提出挑战，激励他们达到商业、服务业和工业各领域世界一流水平，促进技工教育和职业培训的发展。

◇ 每两年举办一届世界技能大赛。

◇ 通过研讨、会议和比赛，促进技工教育与职业培训理念和经验的交流。

◇ 传播世界一流水平的职业能力标准。

◇ 鼓励青年人接受与他们职业生涯相关的继续教育和培训。

◇ 促进全球范围内技工教育与职业培训机构之间的交流和联系。

◇ 鼓励各成员中青年技能人才之间的交流。

世界技能组织的管理机构是全体大会（General Assembly）和董事会（Board of Directors）。

全体大会是世界技能组织的最高权力机构，由各成员的行政代表与技术代表组成。每个世界技能组织成员应由行政代表或技术代表行使投票权。世界技能组织每年组织召开一次全体大会。

全体大会选举出的董事会由主席、副主席、常务委员会副主任、财务主管组成。此外，董事会还应包括今后两届世界技能大赛主办方的两位成员。董事会成员（选举产生的或当然成员）在组织相关事宜时享有同等权利。董事会向全体大会负责。

常务委员会（Standing Committee）由战略委员会（Strategy Committee）和竞赛委员会（Competitions Committee）组成。

战略委员会由行政代表组成。战略事务副主席负责召集并主持会议。战略委员会根据世界技能组织确定的目标提出可行的战略方针和行动计划。

竞赛委员会由技术代表组成。竞赛副主席负责召集并主持会议，处理与竞赛相关的所有事务。

世界技能组织首席执行官由董事会任命，除此之外的所有组织官员均由全体大会选举产生，任期四年。

世界技能组织现任官员如下：

主席：

约瑟·德高伊（荷兰）

战略发展委员会执行局成员：

林三贵（中国台北）

劳伦斯·盖茨（法国）

克里斯·汉夫里斯（英国）

叶卡捷琳娜·洛施卡雷娃（俄罗斯）

竞赛委员会执行局成员：

施泰芬·普拉绍尔（奥地利）

冯建强（中国香港）

特里·库克（加拿大）

1.14　世界技能组织成员

世界技能组织成员是指能够代表一个国家或地区商业、服务业和工业的职业教育和培训系统的组织，并且得到世界技能组织的认可。任何国家或地区要想成为世界技能组织的成员，须正式提出申请并经全体大会批准通过。

截至 2019 年 9 月，世界技能组织共有 82 个国家和地区成员，覆盖了全球 2/3 以上的人口。其中，近十年内加入的有近 32 个国家和地区，这足以显示出近年来世界技能运动蓬勃发展之势。

最新成员列表

洲别	国家 / 地区名称	中文名称	简称	加入时间（年）	加入顺序
亚洲（29 个）	Armenia	亚美尼亚	AM	2012	62
	Kingdom of Bahrain	巴林王国	BH	2013	66
	Bangladesh	孟加拉国	BD	2017	79
	Brunei Darussalam	文莱达鲁萨兰国	BN	2004	39
	China	中国	CN	2010	53
	Georgia	格鲁吉亚	GE	2012	63
	Hong Kong, China	中国香港	HK	1997	32
	India	印度	IN	2006	48
	Indonesia	印度尼西亚	ID	2004	41
	Iran	伊朗	IR	2000	36
	Japan	日本	JP	1961	10
	Kazakhstan	哈萨克斯坦	KZ	2014	71

洲别	国家 / 地区名称	中文名称	简称	加入时间（年）	加入顺序
亚洲（29 个）	Korea	韩国	KR	1966	12
	Kuwait	科威特	KW	2012	64
	Macao, China	中国澳门	MO	1983	18
	Malaysia	马来西亚	MY	1992	24
	Mongolia	蒙古	MN	2014	69
	Oman	阿曼	OM	2009	51
	Pakistan	巴基斯坦	PK	2017	78
	Palestine	巴勒斯坦	PS	2015	75
	Philippines	菲律宾	PH	1994	27
	Saudi Arabia	沙特阿拉伯	SA	2001	37
	Singapore	新加坡	SG	1993	26
	Sri Lanka	斯里兰卡	LK	2012	60
	Chinese Taipei	中国台北	TW	1970	14
	Thailand	泰国	TH	1993	25
	Turkey	土耳其	TR	2009	52
	United Arab Emirates	阿联酋	AE	1997	31
	Vietnam	越南	VN	2006	44
欧洲（29 个）	Austria	奥地利	AT	1958	9
	Belarus	白俄罗斯	BY	2014	68
	Belgium	比利时	BE	1998	33
	Croatia	克罗地亚	HR	2006	45
	Denmark	丹麦	DK	1998	34
	Estonia	爱沙尼亚	EE	2006	47
	Finland	芬兰	FI	1988	20
	France	法国	FR	1953	5
	Germany	德国	DE	1953	3

洲别	国家 / 地区名称	中文名称	简称	加入时间（年）	加入顺序
欧洲（29 个）	Hungary	匈牙利	HU	2006	46
	Iceland	冰岛	IS	2007	49
	Ireland	爱尔兰	IE	1956	7
	Israel	以色列	IL	2015	73
	South Tyrol, Italy	意大利南蒂罗尔	IT	1995	29
	Latvia	拉脱维亚	LV	2011	55
	Principality of Liechtenstein	列支敦士登	LI	1968	13
	Luxembourg	卢森堡	LU	1957	8
	Morocco	摩洛哥	MA	1998	35
	Netherlands	荷兰	NL	1962	11
	Norway	挪威	NO	1990	22
	Poland	波兰	PL	2017	80
	Portugal	葡萄牙	PT	1950	2
	Russia	俄罗斯	RU	2012	59
	Spain	西班牙	ES	1950	1
	Sweden	瑞典	SE	1994	28
	Switzerland	瑞士	CH	1953	6
	Ukraine	乌克兰	UA	2017	77
	United Kingdom	英国	UK	1953	4
	Romania	罗马尼亚	RO	2016	76
美洲（15 个）	Argentina	阿根廷	AR	2011	57
	Barbados	巴巴多斯	BB	2011	56
	Brazil	巴西	BR	1981	17
	Canada	加拿大	CA	1990	21
	Chile	智利	CL	2013	67

洲别	国家 / 地区名称	中文名称	简称	加入时间（年）	加入顺序
美洲（15 个）	Colombia	哥伦比亚	CO	2008	50
	Costa Rica	哥斯达黎加	CR	2015	74
	Dominican Republic	多米尼加	DO	2012	65
	Ecuador	厄瓜多尔	EC	2006	43
	Jamaica	牙买加	JM	2004	40
	Mexico	墨西哥	MX	2005	42
	Paraguay	巴拉圭	PY	2011	58
	Trinidad and Tobago	特立尼达和多巴哥	TT	2012	61
	United States of America	美国	US	1973	15
	Venezuela	委内瑞拉	VE	2002	38
非洲（7 个）	Egypt	埃及	EG	2014	70
	Ghana	加纳	GH	2019	81
	Namibia	纳米比亚	NA	2011	54
	South Africa	南非	ZA	1990	23
	Tunisia	突尼斯	TN	1996	30
	Uganda	乌干达	UG	2019	82
	Zambia	赞比亚	ZM	2014	72
大洋洲（2 个）	Australia	澳大利亚	AU	1981	16
	New Zealand	新西兰	NZ	1985	19

1.15 世界技能组织 2025 战略

提到世界技能组织，就要知道 2025 战略，只有理解了 2025 战略，你才能真正理解世界技能组织对全球技能发展的意义。

从 1950 年开始，世界技能组织致力于宣传全球职业教育和培训，通过世界技能大赛促进全球职业技能水平的提升，并积极感召各国及各地区人民对职业技能的重视。

21 世纪，世界技能组织在成员数量、涉及领域、影响力等方面快速提升。截至 2019 年 9 月，世界技能组织已拥有 82 个国家和地区成员，包括二十国集团（G20）主要成员。同时，世界技能大赛的规模也在不断扩大。这些变化不仅提升了世界技能组织的影响力，而且对世界技能组织成员也提出了更高的要求——成员之间要紧密合作，共同追求卓越。

与此同时，全球的政治和发展援助机构也逐步认识到，一个完善的职业教育、技工教育与职业培训体系是各成员经济发展的基础。因此，世界技能组织及其成员和全球合作伙伴的责任越发重大。

为实现世界技能组织的长期目标，世界技能组织所有成员应积极合作，共同提升非成员及候选成员的技能标准。世界技能组织也与全球合作伙伴一同提升全球技能水平，促进各个国家、地区、组织和个人享有更加平等的经济发展机会。

在过去的 10 年里，成员数量的迅速增加让世界技能组织认识到，各成员在职业教育和培训系统方面存在着较大差异，同时，这些差异也使职业技能竞赛更加多元化。尽管成员们的背景、

经验和期望不同，但是它们加入世界技能组织的初衷是一致的，即通过世界技能大赛与其他成员交流经验，提升职业教育、技工教育和职业培训水平。

世界技能组织不仅限于通过举办世界技能大赛来推广卓越技能，而是要成为推进世界技能发展的主要组织。世界技能组织通过世界技能大赛彰显卓越，展示世界技能标准的重要性。作为不断提升全球技能标准的开拓者，世界技能组织帮助其成员提高技能标准，提升技能水平，并为全球青少年提供更多的机遇，这也是世界技能组织国际合作的努力方向。

（1）世界技能组织的愿景

技能让世界更美好。

世界技能组织及其成员以世界技能大赛为核心，协同提升青少年对技能的认识，提高全球技能标准，共享研究成果，交流最佳实践方法，提升公众对技能促进经济发展和实现个人成功重要作用的认识。

（2）世界技能组织的使命

通过提升技能人才的形象和提高公众对技能人才的认知，展现技能对促进经济发展和实现个人成功的重要性。

世界技能大赛致力于改变世界技能，改变人们对技能的认识，增加人们通过技能走向成功的机会，提高组织的绩效和成果，帮助提升国家和地区的经济竞争力。世界技能组织及其成员通过项目合作、与其他国际组织合作（如联合国教科文组织、联合国工业发展组织、国际劳工组织、世界银行、经济合作与发展组织、欧盟等），共同支持各国家和地区职业教育、技工教育和职业培训的发展。

（3）世界技能组织的定位

全球卓越技能和发展的中心。

（4）世界技能组织 2025 战略目标

世界技能组织 2025 年的宏观战略目标有以下 3 点：

一是提升青少年、雇主及社会对职业教育、技工教育和职业培训的认知，创造其通过职业教育、技工教育和职业培训走向成功的机会。

二是通过与就业市场、雇主和经济市场更加紧密的联系，提高职业教育、技工教育和职业培训质量。

三是通过技能提升世界技能组织自身的实力及其成员的全球竞争力。

（5）世界技能组织的价值观

世界技能组织及其成员共享以下 7 个价值观：

卓越、公平、多元、创新、正直、透明与合作。

（6）履行使命——六大战略聚焦领域

世界技能组织的愿景、使命和定位，及其 2025 战略目标将通过六大战略聚焦领域的活动和项目得以实现，并将发展到其最高标准。世界技能组织及其成员将在六大战略聚焦领域中担任重要角色。

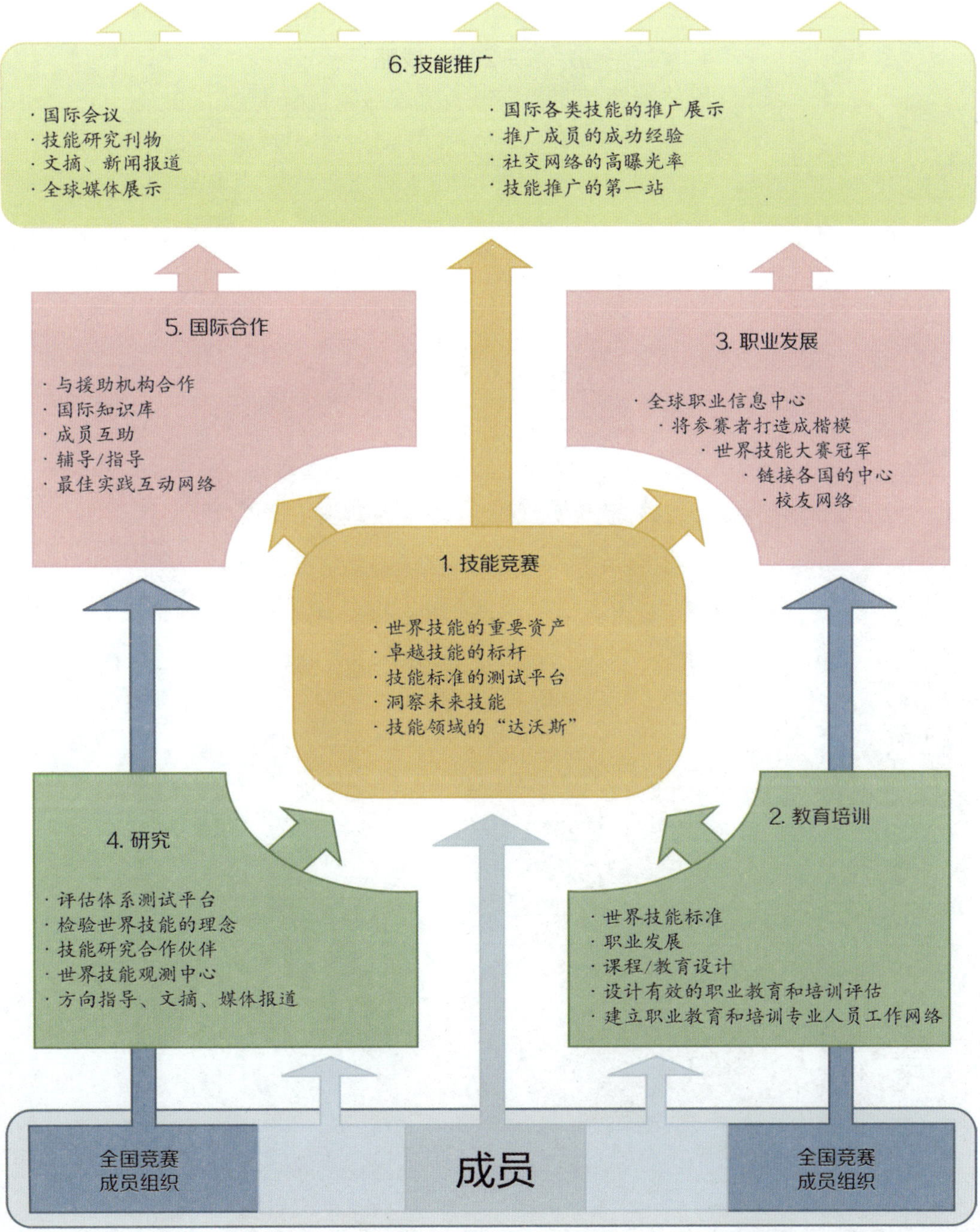

6. 技能推广

· 国际会议
· 技能研究刊物
· 文摘、新闻报道
· 全球媒体展示
· 国际各类技能的推广展示
· 推广成员的成功经验
· 社交网络的高曝光率
· 技能推广的第一站

5. 国际合作

· 与援助机构合作
· 国际知识库
· 成员互助
· 辅导/指导
· 最佳实践互动网络

3. 职业发展

· 全球职业信息中心
· 将参赛者打造成楷模
· 世界技能大赛冠军
· 链接各国的中心
· 校友网络

1. 技能竞赛

· 世界技能的重要资产
· 卓越技能的标杆
· 技能标准的测试平台
· 洞察未来技能
· 技能领域的“达沃斯”

4. 研究

· 评估体系测试平台
· 检验世界技能的理念
· 技能研究合作伙伴
· 世界技能观测中心
· 方向指导、文摘、媒体报道

2. 教育培训

· 世界技能标准
· 职业发展
· 课程/教育设计
· 设计有效的职业教育和培训评估
· 建立职业教育和培训专业人员工作网络

全国竞赛成员组织

成员

全国竞赛成员组织

2. 中国世赛之路

热烈欢迎第45届世界技能大赛中国代表团凯旋
刚才我们了解了世界技能大赛和世界技能组织的知识，现在我带你们到中国世赛之路去看看。
太好了！真想看看中国的技能小匠是怎样登上国际领奖台的。

2.1 中国加入世界技能组织

中国是在 2010 年加入世界技能组织的，那一年召开的世界技能组织全体大会可以说对中国的技能发展具有里程碑意义。

2010 年 10 月 3 日至 10 日，中国代表团一行 6 人赴牙买加首都金斯敦参加了世界技能组织召开的 2010 年世界技能组织全体大会（以下简称“大会”），大会于 2010 年 10 月 7 日表决通过，正式接纳中国加入世界技能组织，中国成为该组织的第 53 个成员。

时任世界技能组织主席杰克·杜塞尔多普向中国代表授予成员证书

时任人力资源社会保障部国际合作司副司长戴晓初作为中国在世界技能组织的行政代表在大会上做了发言，详细介绍了我国职业培训制度及职业技能竞赛的相关情况，并从时任世界技能组织主席杰克·杜塞尔多普的手中接过了世界技能组织成员证书。

谈及 2010 年牙买加会议的重要意义，时任人力资源社会保障部副部长王晓初说，中国加入世界技能组织，参加世界技能竞赛，有利于我国学习借鉴世界各国促进技能培训和开展技能竞赛的经验，推动国内职业技能竞赛活动的开展，营造学习技能人才、尊重技能人才、争当技能人才的良好社会氛围。同时，参加世界技能竞赛，可以构建职业技术交流国际平台，为我国优秀技能人才展示才华绝技、展现技能成果创造条件，对宣传我国高技能人才工作和展示人力资源能力建设的成果，扩大我国在职业培训领域的影响力，培养造就具有国际水平的高技能人才队伍具有重要意义。

2.2 世界技能大赛中国组委会

我国加入世界技能组织后，为了做好我国参加世界技能大赛的组织管理工作，人力资源社会保障部制定了《世界技能大赛参赛管理暂行办法》，设立了世界技能大赛中国组委会，对参赛工作进行指导。

世界技能大赛中国组委会主任由人力资源社会保障部副部长兼任，副主任由人力资源社会保障部职业能力建设司、国际合作司主要负责同志兼任。组委会成员由财政部社会保障司，人力资源社会保障部办公厅、规划财务司、职业能力建设司、国际合作司、人事司、宣传中心、中国就业培训技术指导中心、国际交流服务中心、中国职工教育和职业培训协会、中国人力资源和社会保障出版集团负责同志担任。

世界技能大赛中国组委会设秘书处、对外工作组、技术支持组、保障服务组、新闻宣传组。

世界技能大赛中国组委会依托天津职业技术师范大学世界技能大赛中国研究中心开展技术理论研究和技术服务工作。

正是因为我国在世界技能大赛组织管理工作方面做了如此精心的规划，所以，我国首次参加 2011 年在英国伦敦举办的第 41 届世界技能大赛，就实现了奖牌零的突破。2015 年，在巴西圣保罗举办的第 43 届世界技能大赛上，我国代表团更是以精湛的技艺和出色的发挥实现了金牌零的突破，获得 5 金 6 银 4 铜和 11 个优胜奖的优异成绩。2017 年，在阿联酋阿布扎比举办的第 44 届世界技能大赛上，我国获得 15 金 7 银 8 铜和 12 个优胜奖，位列金牌榜、团体总分第一，实现历史性重大突破。同年，中国上海还获得 2021 年第 46 届世界技能大赛举办权。2019 年，在俄罗斯喀山举办的第 45 届世界技能大赛上，我国取得了 16 金 14 银 5 铜和 17 个优胜奖的历史最好成绩，蝉联金牌榜、奖牌榜、团体总分第一。

秘书处职责

秘书处设在职业能力建设司，负责综合管理和统筹协调参赛工作。

- 制订并实施参赛工作发展规划和年度工作计划；
- 制定参赛项目和参赛选手、技术指导专家、教练、翻译遴选条件；
- 制定集训基地日常管理办法；
- 制定表彰奖励政策；
- 提出并执行年度专项经费预算；
- 负责制定中国代表团出国参赛方案和参赛期间综合管理；
- 承办组委会日常工作。

对外工作组职责

对外工作组设在国际合作司。

- 统筹协调我国参与世界技能组织活动及与有关国家和地区在技能竞赛领域的交流合作；
- 负责与世界技能组织的联络；
- 筹备参加世界技能组织大会和其他相关国际会议；
- 审核中国代表团出国参赛组团方案并根据参赛方案负责对外联系。

技术支持组职责

技术支持组设在中国就业培训技术指导中心。

- 研究提出参赛项目建议；
- 承办参赛项目和参赛选手、技术指导专家、教练的遴选工作；
- 指导开展参赛选手、技术指导专家、教练的培训；
- 承办技术会议和技术交流活动；
- 承担中国代表团出国参赛期间的技术指导工作；
- 负责国际竞赛规则规程、技术标准的引进与推广。

保障服务组职责

保障服务组设在国际交流服务中心。

- 组织承办国际技术交流活动；
- 选拔、培训参赛翻译，翻译审核相关资料；
- 负责出席国际会议、出国参赛的组团事宜和后勤保障等事务性工作。

新闻宣传组职责

新闻宣传组设在宣传中心。

- 负责涉及世界技能组织、世界技能大赛的宣传工作，牵头确定年度新闻宣传计划并组织实施；
- 制定宣传工作方案和宣传口径；
- 组织新闻稿件，联系国内外媒体。

2.3 中国参赛历程

虽然中国参加世界技能大赛起步比较晚，但在世界技能大赛中国组委会的有效组织和协调下，中国代表团五次征战，次次有突破，累计获得 36 枚金牌、29 枚银牌、20 枚铜牌和 58 个优胜奖，以令人震撼的成绩向世界充分展现了“中国制造”的力量。

世界技能大赛为中国的技能交流打开了世界之窗，推动中国在技能教育、技能培训、技能研究和技能交流等方面的全面发展。

2.3.1 首战伦敦

2011 年 10 月，在英国伦敦举行的第 41 届世界技能大赛上，中国首次组团参加了 6 个项目的比赛，获得 1 枚银牌和 5 个优胜奖。

时任人力资源社会保障部部长尹蔚民接见第 41 届世界技能大赛焊接项目银牌获得者裴先峰

第 41 届世界技能大赛中国代表团入场

2.3.2 挺进莱比锡

2013 年 7 月，在德国莱比锡举行的第 42 届世界技能大赛上，中国代表团参加了 22 个项目的比赛，获得 1 枚银牌、3 枚铜牌和 13 个优胜奖。

时任人力资源社会保障部部长尹蔚民、时任人力资源社会保障部副部长王晓初接见第 42 届世界技能大赛中国参赛选手

第 42 届世界技能大赛中国代表团与世界技能组织官员合影

2.3.3 圆梦巴西

2015 年 8 月，在巴西圣保罗举行的第 43 届世界技能大赛上，中国代表团参加了 29 个项目的比赛，获得 5 枚金牌、6 枚银牌、4 枚铜牌和 11 个优胜奖，实现了金牌零的突破。

时任人力资源社会保障部部长尹蔚民迎接中国代表团凯旋

时任人力资源社会保障部部长尹蔚民、副部长汤涛等与斩获金牌的选手们合影

2.3.4 技竞阿布扎比

2017 年 10 月，在阿联酋阿布扎比举行的第 44 届世界技能大赛上，中国代表团参加了 47 个项目的比赛，获得 15 枚金牌、7 枚银牌、8 枚铜牌和 12 个优胜奖，金牌总数、奖牌总数和团体总分均位列第一。

第 44 届世界技能大赛中国代表团入场

人力资源社会保障部副部长汤涛等到机场迎接中国代表团凯旋

2.3.5 征战喀山

2019 年 8 月，在俄罗斯喀山举行的第 45 届世界技能大赛上，中国代表团参加了全部 56 个项目的比赛，获得 16 枚金牌、14 枚银牌、5 枚铜牌和 17 个优胜奖，金牌总数、奖牌总数和团体总分再次列第一，获得了历史最好成绩。

第 45 届世界技能大赛中国代表团入场

人力资源社会保障部副部长汤涛等到机场迎接中国代表团凯旋

下表清晰地展示了中国参加世界技能大赛的足迹。

年份	赛事	地点	参赛项目数量	参赛选手数量	成绩
2011 年	第 41 届世界技能大赛	英国 伦敦	6	6	1 枚银牌 5 个优胜奖
2013 年	第 42 届世界技能大赛	德国 莱比锡	22	26	1 枚银牌 3 枚铜牌 13 个优胜奖
2015 年	第 43 届世界技能大赛	巴西 圣保罗	29	32	5 枚金牌 6 枚银牌 4 枚铜牌 11 个优胜奖
2017 年	第 44 届世界技能大赛	阿联酋 阿布扎比	47	52	15 枚金牌 7 枚银牌 8 枚铜牌 12 个优胜奖
2019 年	第 45 届世界技能大赛	俄罗斯 喀山	56	63	16 枚金牌 14 枚银牌 5 枚铜牌 17 个优胜奖
合计					36 枚金牌 29 枚银牌 20 枚铜牌 58 个优胜奖

对于许多获奖选手来说，世界技能大赛将他们送上了“人生之巅”，他们中有出身贫寒的农家子弟，有从洗头妹做起的理发师，有的曾是沉迷游戏的“顽皮少年”，而学习技能、参加竞赛、获得奖牌后的他们，有的进入学校当了老师，有的被评为教授或副教授，有的享受国务院政府特殊津贴，有的到海外留学攻读博士学位，有的已经成长为企业的业务骨干，还有的创业当了企业家……

曾正超
第 43 届世界技能大赛
焊接项目金牌

张志坤
第 43 届世界技能大赛
数控铣项目金牌

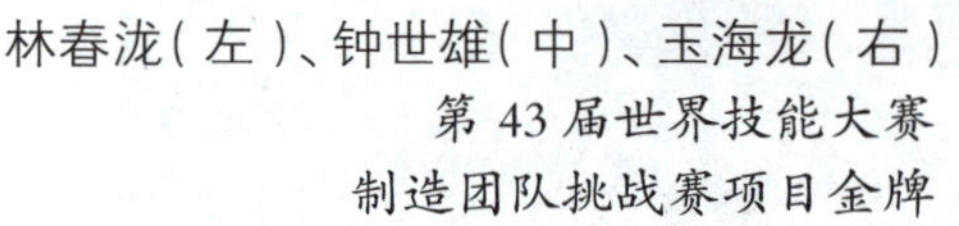

林春泷（左）、钟世雄（中）、玉海龙（右）
第 43 届世界技能大赛
制造团队挑战赛项目金牌

聂凤
第 43 届世界技能大赛
美发项目金牌

杨金龙
第 43 届世界技能大赛
汽车喷漆项目金牌

宋彪
第 44 届世界技能大赛
工业机械装调项目金牌

杨登辉
第 44 届世界技能大赛
数控铣项目金牌

袁强
第 44 届世界技能大赛
工业控制项目金牌

邓燚祯（左）、叶子进（右）
第 44 届世界技能大赛
机电一体化项目金牌

黄枫杰
第 44 届世界技能大赛
原型制作项目金牌

宁显海
第 44 届世界技能大赛
焊接项目金牌

张志斌
第 44 届世界技能大赛
塑料模具工程项目金牌

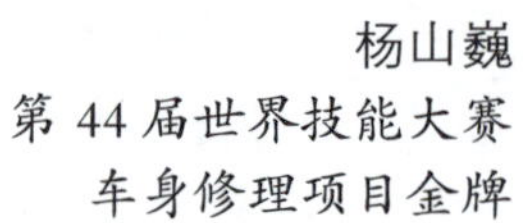

杨山巍
第 44 届世界技能大赛
车身修理项目金牌

蒋应成
第 44 届世界技能大赛
汽车喷漆项目金牌

梁智滨
第 44 届世界技能大赛
砌筑项目金牌

崔兆举
第 44 届世界技能大赛
瓷砖贴面项目金牌

梁嘉伟
第 44 届世界技能大赛
信息网络布线项目金牌

胡萍
第 44 届世界技能大赛
时装技术项目金牌

潘沈涵
第 44 届世界技能大赛
花艺项目金牌

蔡叶昭
第 44 届世界技能大赛
烘焙项目金牌

黄晓呈
第 45 届世界技能大赛
数控车项目金牌

田镇基
第 45 届世界技能大赛
数控铣项目金牌

赵脯菠
第 45 届世界技能大赛
焊接项目金牌

梁攀
第 45 届世界技能大赛
电子技术项目金牌

曾祥博（左）、陈鑫鹏（中）、彭晨晞（右）
第 45 届世界技能大赛
制造团队挑战赛项目金牌

胡耿军（后）、郑棋元（前）
第 45 届世界技能大赛
移动机器人项目金牌

郑玉辉
第 45 届世界技能大赛
综合机械与自动化项目金牌

曾璐锋
第 45 届世界技能大赛
水处理技术项目金牌

徐澳门
第 45 届世界技能大赛
车身修理项目金牌

郑权
第 45 届世界技能大赛
建筑石雕项目金牌

陈子烽
第 45 届世界技能大赛
砌筑项目金牌

李俊鸿（左）、陈君辉（右）
第 45 届世界技能大赛
混凝土建筑项目金牌

肖星星
第 45 届世界技能大赛
电气装置项目金牌

温彩云
第 45 届世界技能大赛
时装技术项目金牌

陆亦炜
第 45 届世界技能大赛
花艺项目金牌

石丹
第 45 届世界技能大赛
美发项目金牌

裴先峰
第 41 届世界技能大赛
焊接项目银牌

胡已雪
第 42 届世界技能大赛
美发项目银牌

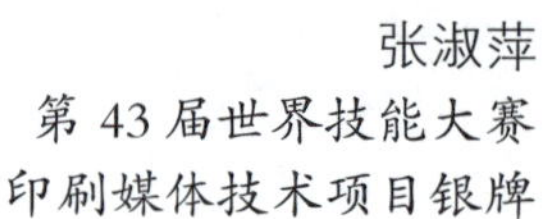

张淑萍
第 43 届世界技能大赛
印刷媒体技术项目银牌

惠希奇
第 43 届世界技能大赛
电气装置项目银牌

罗良
第 43 届世界技能大赛
车身修理项目银牌

钟建伟
第 43 届世界技能大赛
制冷与空调项目银牌

谭伟创
第 43 届世界技能大赛
CAD 机械设计项目银牌

郭杰钊（左）、谢坤（右）
第 43 届世界技能大赛
机电一体化项目银牌

杨文浩
第 44 届世界技能大赛
汽车技术项目银牌

唐培强
第 44 届世界技能大赛
综合机械与自动化项目银牌

陈智民
第 44 届世界技能大赛
数控车项目银牌

陈启佳
第 44 届世界技能大赛
CAD 机械设计项目银牌

董辉
第 44 届世界技能大赛
电气装置项目银牌

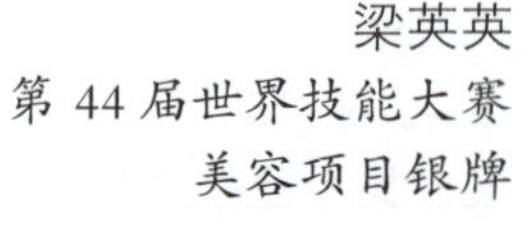

梁英英
第 44 届世界技能大赛
美容项目银牌

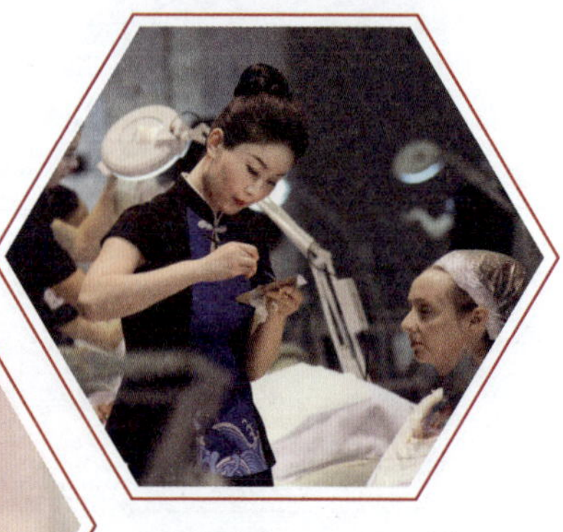

方悦芝
第 44 届世界技能大赛
平面设计技术项目银牌

谢虎（左）、殷成浩（右）
第 45 届世界技能大赛
机电一体化项目银牌

叶钟盛
第 45 届世界技能大赛
飞机维修项目银牌

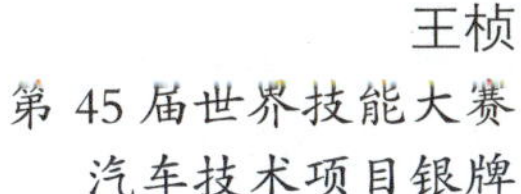

王桢
第 45 届世界技能大赛
汽车技术项目银牌

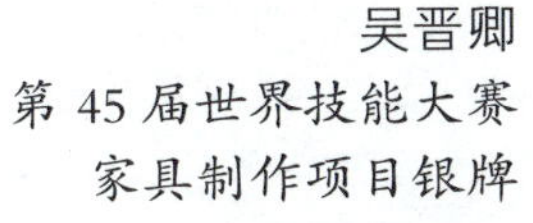

吴晋卿
第 45 届世界技能大赛
家具制作项目银牌

高宇宙
第 45 届世界技能大赛
抹灰与隔墙系统项目银牌

杨应政
第 45 届世界技能大赛
管道与制暖项目银牌

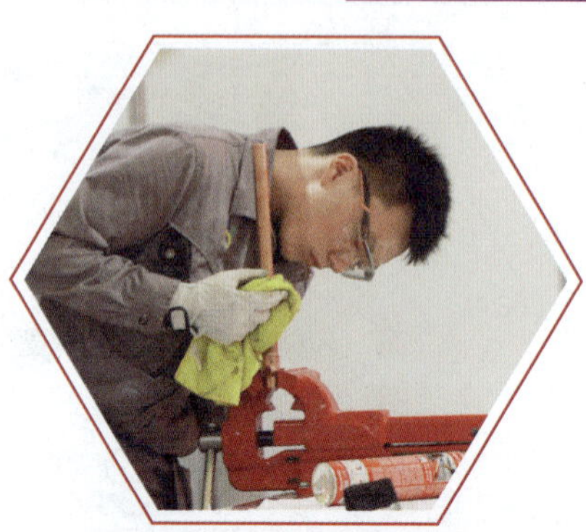

刘豪
第 45 届世界技能大赛
建筑金属构造项目银牌

韦国发
第 45 届世界技能大赛
信息网络布线项目银牌

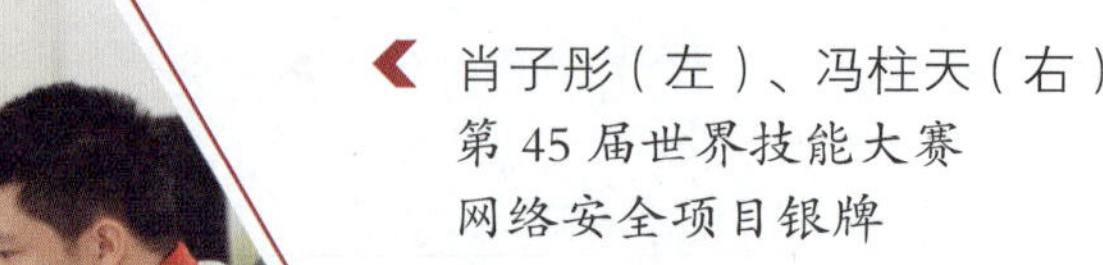

肖子彤（左）、冯柱天（右）
第 45 届世界技能大赛
网络安全项目银牌

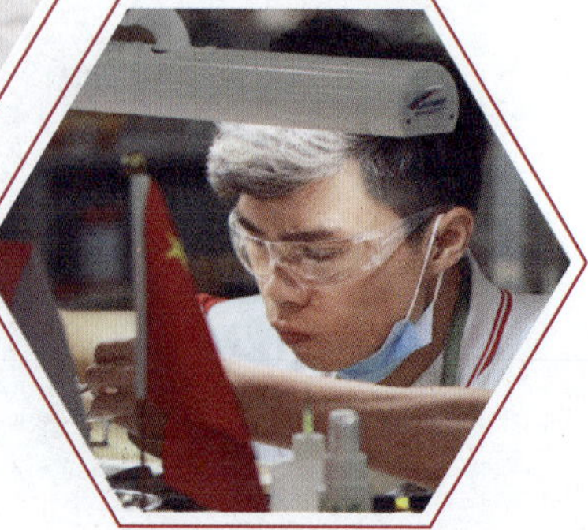

陈奇亮
第 45 届世界技能大赛
珠宝加工项目银牌

罗丽萍
第 45 届世界技能大赛
商品展示技术项目银牌

何定钧
第 45 届世界技能大赛
3D 数字游戏艺术项目银牌

李真芹
第 45 届世界技能大赛
美容项目银牌

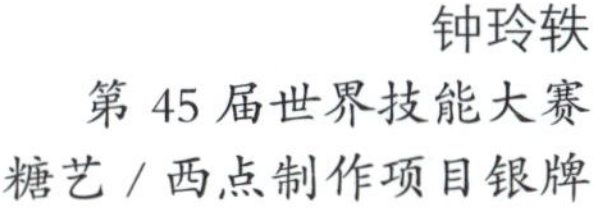

钟玲轶
第 45 届世界技能大赛
糖艺 / 西点制作项目银牌

冼星文
第 42 届世界技能大赛
制冷与空调项目铜牌

王东东
第 42 届世界技能大赛
印刷媒体技术项目铜牌

谢海波
第 42 届世界技能大赛
数控铣项目铜牌

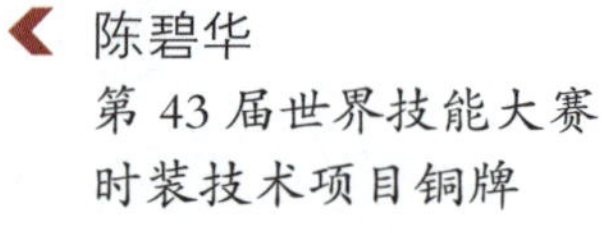

陈碧华
第 43 届世界技能大赛
时装技术项目铜牌

方汉宏
第 43 届世界技能大赛
综合机械自动化项目铜牌

林洪伟
第 43 届世界技能大赛
信息网络布线项目铜牌

黄灿杰
第 43 届世界技能大赛
塑料模具工程项目铜牌

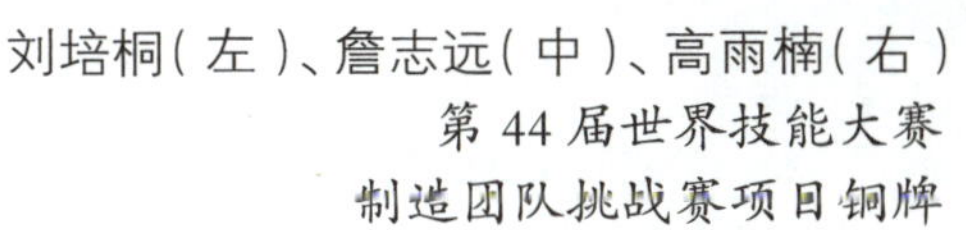

刘培桐（左）、詹志远（中）、高雨楠（右）
第 44 届世界技能大赛
制造团队挑战赛项目铜牌

梁灶容（左）、叶斌斌（右）
第 44 届世界技能大赛
移动机器人项目铜牌

吴之庆
第 44 届世界技能大赛
制冷与空调项目铜牌

胡凡
第 44 届世界技能大赛
珠宝加工项目铜牌

杜润
第 44 届世界技能大赛
商务软件解决方案项目铜牌

肖威
第 44 届世界技能大赛
网络系统管理项目铜牌

郑宗林
第 44 届世界技能大赛
3D 数字游戏艺术项目铜牌

汪仕洋（左）、孙伟（右）
第 44 届世界技能大赛
园艺项目铜牌

贺江涛
第 45 届世界技能大赛
工业控制项目铜牌

张维钰
第 45 届世界技能大赛
工业机械装调项目铜牌

卢森锐
第 45 届世界技能大赛
塑料模具工程项目铜牌

张子阳
第 45 届世界技能大赛
烘焙项目铜牌

蔺永康
第 45 届世界技能大赛
烹饪（西餐）项目铜牌

2.4　中国（上海）获得2021年第46届世界技能大赛举办权

2017年10月13日，在阿联酋阿布扎比举行的世界技能组织全体成员大会一致决定，2021年第46届世界技能大赛在中国上海举办。

当地时间13日下午，在大会确定上海取得举办权前，国家主席习近平通过视频向大会致辞，代表中国政府和中国人民表达对上海市举办第46届世界技能大赛的坚定支持，承诺上海一定能为世界奉献一届富有新意、影响深远的世界技能大赛。

习近平指出，世界技能大赛在中国举办，将有利于推动中国同各国在技能领域的交流互鉴，带动中国全国民众尤其是近2亿青少年关注、热爱、投身技能活动，让中国人民有机会为世界技能运动发展做出贡献。中国政府高度赞赏世界技能组织的发展宗旨，愿意积极参与各项活动，为全球减贫和可持续发展做出更大贡献。中国政府将全面兑现每一项承诺，全方位践行《世界技能组织2025战略》。

时任人力资源社会保障部部长尹蔚民、上海市市长应勇以及世界技能组织中国行政代表吕玉林、技能青年代表张淑萍、青年学生代表萧达飞进行了现场陈述。

获得第46届世界技能大赛主办权后，尹蔚民说，今后的四年，人力资源社会保障部将与上海一起全力以赴做好2021年世赛各项筹备工作，全面兑现承诺，促进《世界技能组织2025战略》的实施，推动世界技能运动实现新的发展。我们将秉持互学互鉴、互利共赢的合作理念，2021年在美丽的上海，邀约全世界的朋友们共赴一场技能的盛会，共同实现“用技能的力量改变世界”的美好愿景。

2016 年 10 月

经中央批准，人力资源社会保障部代表中国在加拿大尼亚加拉市召开的世界技能组织 2016 年全体大会上，宣布申办 2021 年第 46 届世界技能大赛意向，并推出上海市作为承办城市，同时提出申办意向的还有瑞士巴塞尔和南非德班。

2016 年 12 月

中国正式向世界技能组织递交申办第 46 届世界技能大赛意向书。

2017 年 2 月

中国正式向世界技能组织递交第 46 届世界技能大赛申办情况说明材料。

2017 年 3 月

经国务院批准，我国正式成立了以时任国务院副总理马凯为组长的第 46 届世界技能大赛申办工作领导小组，并成立了由时任人力资源社会保障部部长尹蔚民、上海市市长应勇担任主任的第 46 届世界技能大赛申办工作委员会。

国务院副总理马凯在北京主持召开第 46 届世界技能大赛申办工作领导小组第一次全体会议。随后，上海市市长应勇在上海主持召开第 46 届世界技能大赛申办工作委员会第一次全体会议，时任人力资源社会保障部部长尹蔚民出席会议并讲话。

2017 年 4 月

世界技能组织主席西蒙・巴特利一行来华，就上海申办第 46 届世界技能大赛的基础设施、竞赛场馆、职业教育培训状况和申办打算等进行考察了解。

国务院总理李克强在北京会见西蒙・巴特利主席一行，积极评价世界技能组织和世界技能大赛为推动全球职业技能培训，促进各国经济社会可持续发展发挥的重要作用，表明了中国政府支持上海申办世界技能大赛，愿意同世界技能组织加强合作，推动技能运动理念传播，提升中国数以亿计劳动者技能水平的坚定态度。

2017 年 5 月

上海市市长应勇在上海主持召开第 46 届世界技能大赛申办工作委员会第二次全体会议暨 2017 年中国国际技能大赛组委会会议。

2017 年 6 月

人力资源社会保障部会同上海市人民政府、江苏省人民政府，在上海召开国际技能研讨会，在上海、苏州举办 2017 年中国国际技能大赛，这是新中国成立以来我国举办的最大规模国际职业技能活动，共设立 21 个竞赛项目，包括我国在内的 38 个国家和地区的 400 余人参加了比赛和会议。

2017 年 7 月

瑞士技能组织宣布退出第 46 届世界技能大赛申办工作。此前，南非德班未按时提交申办材料，中国上海成为唯一申办候选城市。

时任人力资源社会保障部部长尹蔚民在北京主持召开第 46 届世界技能大赛申办工作委员会第三次全体会议。

2017 年 8 月

时任国务院副总理马凯在北京主持召开第 46 届世界技能大赛第二次领导小组全体会议。

2017 年 10 月 13 日

在阿联酋阿布扎比召开的世界技能组织全体成员大会上，国家主席习近平在第 46 届世界技能大赛申办陈述阶段通过视频发表重要讲话，时任人力资源社会保障部部长尹蔚民、上海市市长应勇以及世界技能组织中国行政代表吕玉林、技能青年代表张淑萍、青年学生代表萧达飞进行了现场陈述。大会决定，中国上海获得第 46 届世界技能大赛举办权。

热烈庆祝中国上海荣获
2021年第46届世界技能大赛主办权
CONGRATULATIONS TO SHANGHAI OF CHINA ON THE SUCCESSFUL
COMPETITION 2021
worldskills
Shanghai2021

2017 年 10 月 15 日

时任人力资源社会保障部部长尹蔚民，上海市人民政府市长应勇在阿布扎比出席答谢招待会并致辞。人社部副部长汤涛、上海市副市长彭沉雷、时任世界技能组织主席西蒙·巴特利，首席执行官大卫·霍伊，以及世界各国各地区的技能组织负责人参加了答谢会。尹蔚民表示，将按照精心做好大赛筹办工作，努力为全世界奉献一届富有新意、影响深远的世界技能大赛。

2018 年 1 月 30 日

中国上海 2021 年第 46 届世界技能大赛谅解备忘录签约仪式在上海市举行。人力资源社会保障部副部长汤涛、上海市副市长彭沉雷、时任世界技能组织主席西蒙·巴特利和首席执行官大卫·霍伊共同签署《中国上海 2021 年第 46 届世界技能大赛谅解备忘录》，此举标志着中国上海正式启动第 46 届世界技能大赛筹备工作。签署《世界技能博物馆合作建设意向书》，明确世界技能博物馆三方合作共建机制。

2018 年 2 月

中国上海 2021 年第 46 届世界技能大赛筹办工作与世界技能组织对接会在上海召开。人力资源社会保障部职业能力建设司司长张立新介绍了筹备和举办第 46 届世界技能大赛的总体设想，重申了举办一届具有里程碑意义世界技能大赛的决心。

2018 年 6 月

人力资源社会保障部部长张纪南会见时任世界技能组织主席西蒙・巴特利、首席执行官大卫・霍伊一行。双方就筹办第 46 届世界技能大赛、推广世界技能理念等内容进行了交流。

人力资源社会保障部部长张纪南、上海市市长应勇、时任世界技能组织主席西蒙・巴特利和首席执行官大卫・霍伊共同签署《中国上海 2021 年第 46 届世界技能大赛协议书》和《世界技能博物馆合作协议书》，这是中国上海举办第 46 届世界技能大赛和三方合作建设世界技能博物馆的正式协议。

世界技能组织
中华人民共和国人力资源
和社会保障部
上海市人民政府

2019年1月30日

第46届世界技能大赛工作领导小组第一次全体会议在北京召开。国务院副总理、第46届世界技能大赛工作领导小组组长胡春华出席会议并讲话。他强调，要认真学习贯彻习近平总书记重要指示精神，按照党中央、国务院的决策部署，扎实做好各项筹办工作，为世界奉献一届富有新意、影响深远的世界技能大赛。胡春华指出，世界技能大赛代表着职业技能发展的世界先进水平。成功举办第46届世界技能大赛，有利于深化我国与世界各国的交流合作，提高我国技能人才培养水平，在全社会更好地推广技能运动、弘扬工匠精神。要创新办赛方式，体现中国特色、世界水平，广泛传播世界技能发展理念，深入普及技能运动，带动全国民众尤其是近2亿青少年关注、热爱、投身技能活动，为世界技能运动留下丰厚遗产。胡春华强调，要加强与世界技能组织的沟通协调，建立完善协调机制，扎实推动重点工作任务落实，高标准筹建世界技能博物馆，打造技能项目精品工程。要坚持廉洁办赛，确保筹办工作风清气正、勤俭节约。领导小组各成员单位要加强统筹协调，确保如期完成各项筹办任务。

2019年3月2日

第46届世界技能大赛组织委员会第一次全体会议在上海举行。上海市委书记、第46届世界技能大赛组织委员会主任李强在会上强调，要认真学习贯彻习近平总书记重要指示精神，按照党中央、国务院的决策部署，上下联动、紧密协作，全力以赴、加速推进各项筹办工作，为世界奉献一届富有新意、影响深远的世界技能大赛。上海市委副书记、市长、第46届世界技能大赛组织委员会执行主任应勇主持会议。会议传达学习了习近平总书记在第46届世界技能大赛申办陈述阶段的视频讲话精神和第46届世界技能大赛工作领导小组第一次全体会议精神。人力资源社会保障部副部长、组委会副主任汤涛，上海市委常委、市委秘书长诸葛宇杰，副市长、组委会副主任彭沉雷出席会议。国家有关部委及上海市有关部门和单位负责同志参加会议。

2019年3—4月

为向全世界传播中国(上海)承办理念，展示中国(上海)传统文化和工匠精神，第46届世界技能大赛组委会秘书处于2019年3月至4月，分别启动了2021年中国(上海)第46届世界技能大赛口号征集和吉祥物征集活动。

2019年4月

人力资源社会保障部与上海市分别组团赴俄罗斯喀山，学习了解第45届世界技能大赛筹办工作经验，与喀山第45届世界技能大赛组委会专题对接闭幕式上会旗交接和文艺表演等工作。

2019年7月25日

第46届世界技能大赛组织委员会第二次全体会议在上海举行，会议由上海市委副书记、市长、第46届世界技能大赛组织委员会执行主任应勇主持。上海市委书记、第46届世界技能大赛组织委员会主任李强、人力资源社会保障部部长张纪南出席会议并讲话。李强强调要深入贯彻落实习近平总书记重要指示精神，按照“富有新意、影响深远”的要求，精益求精做好大赛交接工作，高质量高水准做好后续筹办工作，全力以赴把大赛主题演绎好、把重点任务落实好、把推进机制完善好、把社会氛围营造好，以创新创意创造彰显中国智慧、体现独具匠心、留下别样精彩。张纪南指出，要提高政治站位，把思想认识统一到中央决策部署上来，坚持从政治高度和全局角度考虑和谋划世赛工作，切实增强做好工作的使命感责任感。要突出工作重点，进一步完善交接仪式活动方案，加强对接衔接，用足用好演练，确保活动达到最佳效果。要加强团结协作，各部门既要有明确的任务分工，又要相互协调、加强沟通、密切协作，形成工作合力。要加大宣传力度，通过立体式、全方位、多角度的持续宣传，让全社会更加关注技能人才、更加认同技能成才、更加广泛地弘扬工匠精神，全面营造劳动光荣、技能宝贵、创造伟大的良好氛围。

2019年8月26日

中国上海在喀山举办第46届世界技能大赛主办国招待会。正式发布第46届世赛吉祥物和主题口号。吉祥物为一组一男一女卡通图案，男孩叫“能能”，女孩叫“巧巧”，寓意“能工巧匠”。第46届世赛主题口号为“一技之长，能动天下（Master skills, Change the world）”，寓意技能是推动人类文明发展的原动力，是全球共同的财富；掌握技能，改变世界、引领未来、造福人类。

2021年上海世界技能大赛吉祥物

能能

巧巧

2021年上海世界技能大赛口号

一技之长
能动天下

MASTER SKILLS
CHANGE THE WORLD

2019年8月27日

在第45届世界技能大赛闭幕式上，全国政协副主席汪永清、人力资源社会保障部部长张纪南、上海市市长应勇参加了世界技能组织会旗交接仪式。交接仪式后，中国上海为全世界观众奉献了一场以“魅力中国、活力上海”为主题的精彩文艺表演，这标志着世界技能大赛正式进入“中国时间，上海时刻”。

3. 国手是怎样炼成的

这些国手都太棒了，中国参加世界技能大赛起步虽晚，但硕果累累，年轻的国手们真是令人敬佩。

是的。他们的成功离不开方方面面的强力支援，凝结了众多参与者的心血和汗水。现在，我就带领你们来了解一下国手的历练过程吧。

3.1　国手的选拔

参加世界技能大赛代表国家形象，因此，必须确保选拔出最优秀的选手为国出征。我们在选拔选手时，主要分两个阶段。第一个阶段是全国选拔。这个阶段类似于海选，在各地、各部门初赛的基础上，人力资源社会保障部组织开展第45届世界技能大赛全国选拔赛，根据选手成绩，最终每个参赛项目约有10人入选国家集训队。第二个阶段是集训选拔。主要是依托世界技能大赛中国集训基地，对入选国家集训队的选手进行集训，并根据集训安排进行“十进五”“五进一”的阶段性考核选拔，最后选出1名最优秀的选手代表祖国出征，可谓大浪淘沙。可以说，最终代表国家出征的参赛选手，每一位都经历了层层选拔，经历了常人无法想象的艰苦历程。正因为如此，他们才能够凭借精湛的技艺和强大的心理素质，最终在国际技能竞赛的舞台上一展身手，取得优异成绩。

我国对世界技能大赛全国选拔赛的组织是非常严密的，每届世界技能大赛全国选拔

赛开始前，人力资源社会保障部都会出台详细的《竞赛技术规则》，要求全国选拔赛本着公平、公正、公开等原则组织实施。

世界技能大赛全国选拔赛与我国的职业技能竞赛是紧密结合的。我国职业技能竞赛始于 20 世纪 50 年代，具有广泛的群众基础。职业技能竞赛活动实行分级、分类管理，分为国家、省和地市三级。国家级职业技能竞赛活动又分为两类：跨行业、跨地区的竞赛活动为国家级一类竞赛（由人力资源社会保障部牵头）；单一行业的竞赛活动为国家级二类竞赛（由各行业相关机构会同人力资源社会保障部共同组织）。

从 2004 年开始，人力资源社会保障部将全国各级各类竞赛活动进行整合，组织开展“全国职业技能竞赛系列活动”，每年参加竞赛的企业职工和院校学生超过 1 000 万人次，涉及上百个职业（工种）。自 2014 年起，纳入人力资源社会保障部竞赛计划的各级各类职业技能竞赛全部冠以“中国技能大赛”的称谓，进一步完善了职业技能竞赛制度。举办中国技能大赛对整体推进我国技能人才队伍建设，激发广大技能劳动者学习业务、钻研技术、提高技能发挥了重要作用。

3.2　项目集训基地

世界技能大赛各项目的集训基地有的设在技工院校等职业院校，有的设在行业组织（集团公司）。

每届世界技能大赛的中国集训基地都会根据实际情况做适当调整。第 45 届世界技能大赛有 218 家企业、院校或培训机构作为世界技能大赛中国集训基地，为中国技能走向世界贡献力量。

人力资源社会保障部制定的《世界技能大赛参赛管理暂行办法》中对各项目集训基地的确定设定了明确的条件和程序。

各类企业、技工院校、职业院校、培训机构，只有在满足下面这些条件时才可申请设立世界技能大赛参赛项目集训基地。

第一，原则上应为省级（行业）世界技能大赛集训基地。

第二，所在地省级人民政府或所在行业主管

部门积极支持，并提供人力、物力、财力支持。

第三，具有满足竞赛项目要求的训练场地、设施设备和工具耗材等。

第四，具有提供集训技术支持的工作团队（技术专家、教练、翻译等）。

第五，具有突发事件应急处理能力和健全的后勤服务保障制度，能够为集训工作提供较好的生活场所和服务保障。

第六，具备技能竞赛组织管理经验，能够公开、公平、公正组织集训选手阶段性选拔工作，并具有良好的国内外技术交流条件。

第七，能够与世界技能大赛官方合作伙伴等保持积极联系，获得合理技术信息。

有意愿成为世界技能大赛中国集训基地的单位，可以向世界技能大赛中国组委会提出申请，组委会在收到申报材料后，将对申报单位展开调研，评估申报单位在相关竞赛项目上所具有的优势，例如，考察申报单位是否有相应的场地资源、设备资源、是否有符合要求的教练，等等。确定申报单位在该项目具有明显优势的情况下，才会批准其成为世界技能大赛中国集训基地，并授牌。

项目名称	基地名称	备注
飞机维修	江西洪都航空工业集团有限责任公司	第 44 、45 届世界技能大赛项目集训基地
	国营芜湖机械厂	第 45 届世界技能大赛项目集训基地
	杭州技师学院	第 45 届世界技能大赛项目集训基地
	成都航空职业技术学院	第 45 届世界技能大赛项目集训基地
车身修理	上海市杨浦职业技术学校	第 42、43、44、45 届世界技能大赛项目集训基地
	云南交通技师学院	第 44 、45 届世界技能大赛项目集训基地
	郑州交通技师学院	第 44 、45 届世界技能大赛项目集训基地
	日照市技师学院	第 45 届世界技能大赛项目集训基地
	大连市技师学院	第 45 届世界技能大赛项目集训基地
汽车技术	重庆五一高级技工学校	第 43、44、45 届世界技能大赛项目集训基地
	杭州技师学院	第 44 、45 届世界技能大赛项目集训基地
	南京交通技师学院	第 44 、45 届世界技能大赛项目集训基地
	新疆交通技师培训学院	第 45 届世界技能大赛项目集训基地
	大连交通技师学院	第 45 届世界技能大赛项目集训基地

项目名称	基地名称	备注
汽车喷漆	杭州技师学院	第 43、44、45 届世界技能大赛项目集训基地
	淮海技师学院	第 45 届世界技能大赛项目集训基地
	安徽汽车应用技师学院	第 45 届世界技能大赛项目集训基地
	贵州交通技师学院	第 45 届世界技能大赛项目集训基地
	广西交通技师学院	第 45 届世界技能大赛项目集训基地
重型车辆维修	东风汽车公司高级技工学校	第 44 、45 届世界技能大赛项目集训基地
	广州市交通高级技工学校	第 44 、45 届世界技能大赛项目集训基地
	山东交通技师学院	第 45 届世界技能大赛项目集训基地
	宁都技工学校	第 45 届世界技能大赛项目集训基地
货运代理	上海国际港务（集团）股份有限公司	第 44 、45 届世界技能大赛项目集训基地
	山东劳动技师学院	第 44 、45 届世界技能大赛项目集训基地
	广东省交通运输技师学院	第 45 届世界技能大赛项目集训基地
	武汉工商学院	第 45 届世界技能大赛项目集训基地
建筑石雕	黄山裁云雕刻文化有限公司	第 45 届世界技能大赛项目集训基地
	云浮市高级技工学校	第 45 届世界技能大赛项目集训基地

项目名称	基地名称	备注
建筑石雕	江苏省徐州技师学院	第 45 届世界技能大赛项目集训基地
	重庆市两江职业培训学校	第 45 届世界技能大赛项目集训基地
砌筑	中国建筑第五工程局技工学校	第 43、44、45 届世界技能大赛项目集训基地
	金昌技师学院	第 45 届世界技能大赛项目集训基地
	广州市建筑工程职业学校	第 45 届世界技能大赛项目集训基地
家具制作	广州市轻工高级技工学校	第 45 届世界技能大赛项目集训基地
	江西环境工程职业学院	第 44 、45 届世界技能大赛项目集训基地
	亚振家居股份有限公司	第 45 届世界技能大赛项目集训基地
木工	邢台技师学院	第 44 、45 届世界技能大赛项目集训基地
	重庆市万州高级技工学校	第 44 、45 届世界技能大赛项目集训基地
	黑龙江林业职业学院	第 45 届世界技能大赛项目集训基地
混凝土建筑	浙江建设技师学院	第 45 届世界技能大赛项目集训基地
	广州城建技工学校	第 45 届世界技能大赛项目集训基地
	江苏城乡建设职业学院	第 45 届世界技能大赛项目集训基地
电气装置	江苏省盐城技师学院	第 42、43、44、45 届世界技能大赛项目集训基地
	淄博市技师学院	第 44 、45 届世界技能大赛项目集训基地

项目名称	基地名称	备注
电气装置	北京轻工技师学院	第 45 届世界技能大赛项目集训基地
	江西省电子信息技师学院	第 45 届世界技能大赛项目集训基地
	开封技师学院	第 45 届世界技能大赛项目集训基地
精细木工	广州市轻工高级技工学校	第 44 、45 届世界技能大赛项目集训基地
	上海市城市科技学校	第 44 、45 届世界技能大赛项目集训基地
园艺	安徽润一生态建设有限公司	第 44 、45 届世界技能大赛项目集训基地
	江苏农林职业技术学院	第 44 、45 届世界技能大赛项目集训基地
	广州市公用事业高级技工学校	第 45 届世界技能大赛项目集训基地
油漆与装饰	黄山锐蓝教育科技有限公司	第 45 届世界技能大赛项目集训基地
	重庆科技学院	第 45 届世界技能大赛项目集训基地
	广东省城市建设技师学院	第 45 届世界技能大赛项目集训基地
抹灰与隔墙系统	浙江建设技师学院	第 44 、45 届世界技能大赛项目集训基地
	烟台城乡建设学校	第 44 、45 届世界技能大赛项目集训基地
	重庆建筑高级技工学校	第 45 届世界技能大赛项目集训基地
	中国建筑第五工程局技工学校	第 45 届世界技能大赛项目集训基地
管道与制暖	重庆五一高级技工学校	第 44 、45 届世界技能大赛项目集训基地

项目名称	基地名称	备注
管道与制暖	安吉高级技工学校	第 45 届世界技能大赛项目集训基地
	山东工业技师学院	第 45 届世界技能大赛项目集训基地
	江苏省盐城技师学院	第 45 届世界技能大赛项目集训基地
	中铁十三局技师学院	第 45 届世界技能大赛项目集训基地
制冷与空调	广州市工贸技师学院	第 42、43、44、45 届世界技能大赛项目集训基地
	北京电子信息技师学院	第 45 届世界技能大赛项目集训基地
	青岛海洋技师学院	第 45 届世界技能大赛项目集训基地
	新疆生产建设兵团职业技师培训学院	第 45 届世界技能大赛项目集训基地
瓷砖贴面	烟台城乡建设学校	第 44 、45 届世界技能大赛项目集训基地
	浙江建设技师学院	第 44 、45 届世界技能大赛项目集训基地
	郑州市商业技师学院	第 45 届世界技能大赛项目集训基地
数控铣	北京市工业技师学院	第 42、43、44、45 届世界技能大赛项目集训基地
	广东省机械技师学院	第 44 、45 届世界技能大赛项目集训基地
	成都市技师学院	第 44 、45 届世界技能大赛项目集训基地
	甘肃有色金属技师学院	第 45 届世界技能大赛项目集训基地
	中国空空导弹研究院技工学校	第 45 届世界技能大赛项目集训基地

项目名称	基地名称	备注
数控车	北京市工业技师学院	第 42、43、44、45 届世界技能大赛项目集训基地
	广东省机械技师学院	第 44 、45 届世界技能大赛项目集训基地
	黑龙江技师学院	第 44 、45 届世界技能大赛项目集训基地
	福州第一技师学院	第 45 届世界技能大赛项目集训基地
	绍兴市公共实训基地	第 45 届世界技能大赛项目集训基地
建筑金属构造	中冶建筑研究总院有限公司	第 44 、45 届世界技能大赛项目集训基地
	新疆安装高级技工学校	第 44 、45 届世界技能大赛项目集训基地
	中国十九冶集团有限公司	第 45 届世界技能大赛项目集训基地
	山东工程技师学院	第 45 届世界技能大赛项目集训基地
电子技术	广东省技师学院	第 43、44、45 届世界技能大赛项目集训基地
	重庆机械电子技师学院	第 44 、45 届世界技能大赛项目集训基地
	宁夏机械技师学院	第 45 届世界技能大赛项目集训基地
工业控制	铁岭技师学院	第 44 、45 届世界技能大赛项目集训基地
	山东工业技师学院	第 44 、45 届世界技能大赛项目集训基地
	西安技师学院	第 45 届世界技能大赛项目集训基地
	湖北三峡技师学院	第 45 届世界技能大赛项目集训基地

项目名称	基地名称	备注
工业机械装调	江苏省常州技师学院	第 44 、45 届世界技能大赛项目集训基地
	广东省技师学院	第 44 、45 届世界技能大赛项目集训基地
	天津市机电工艺学院	第 45 届世界技能大赛项目集训基地
制造团队挑战赛	中国空空导弹研究院	第 42、43、44、45 届世界技能大赛项目集训基地
	江苏省常州技师学院	第 45 届世界技能大赛项目集训基地
	广东省机械技师学院	第 45 届世界技能大赛项目集训基地
	西飞技师学院	第 45 届世界技能大赛项目集训基地
CAD 机械设计	广州市工贸技师学院	第 41、42、43、44、45 届世界技能大赛项目集训基地
	苏州技师学院	第 45 届世界技能大赛项目集训基地
	山东劳动技师学院	第 45 届世界技能大赛项目集训基地
	龙岩技师学院	第 45 届世界技能大赛项目集训基地
	晋城技师学院	第 45 届世界技能大赛项目集训基地
机电一体化	天津职业技术师范大学附属高级技术学校	第 42、43、44、45 届世界技能大赛项目集训基地
	中国宝武钢铁集团有限公司人才开发院	第 44 、45 届世界技能大赛项目集训基地
	北京市工业技师学院	第 45 届世界技能大赛项目集训基地
	安徽芜湖技师学院	第 45 届世界技能大赛项目集训基地

项目名称	基地名称	备注
机电一体化	海南省技师学院	第 45 届世界技能大赛项目集训基地
移动机器人	北京市工贸技师学院	第 44 、45 届世界技能大赛项目集训基地
	南京技师学院	第 44 、45 届世界技能大赛项目集训基地
	广州市机电技师学院	第 44 、45 届世界技能大赛项目集训基地
	安徽六安技师学院	第 45 届世界技能大赛项目集训基地
	云南技师学院	第 45 届世界技能大赛项目集训基地
塑料模具工程	广东省机械技师学院	第 43、44、45 届世界技能大赛项目集训基地
	宁波技师学院	第 44 、45 届世界技能大赛项目集训基地
	湖南工贸技师学院	第 45 届世界技能大赛项目集训基地
	肥城市高级技工学校	第 45 届世界技能大赛项目集训基地
	海南省技师学院	第 45 届世界技能大赛项目集训基地
综合机械与自动化	广东省机械技师学院	第 43、44、45 届世界技能大赛项目集训基地
	天津市职业技能公共实训中心	第 45 届世界技能大赛项目集训基地
	东营市技师学院	第 45 届世界技能大赛项目集训基地
原型制作	广州市技师学院	第 44 、45 届世界技能大赛项目集训基地

项目名称	基地名称	备注
原型制作	辽宁丰田金杯技师学院	第 44 、45 届世界技能大赛项目集训基地
	宁波技师学院	第 45 届世界技能大赛项目集训基地
	山东交通技师学院	第 45 届世界技能大赛项目集训基地
	上海市大众工业学校	第 45 届世界技能大赛项目集训基地
水处理技术	北京市工业技师学院	第 45 届世界技能大赛项目集训基地
	河南化工技师学院	第 45 届世界技能大赛项目集训基地
	南京技师学院	第 45 届世界技能大赛项目集训基地
焊接	中冶建筑研究总院有限公司	第 44 、45 届世界技能大赛项目集训基地
	首钢技师学院	第 45 届世界技能大赛项目集训基地
	中国十九冶集团有限公司	第 45 届世界技能大赛项目集训基地
	甘肃冶金技师学院	第 45 届世界技能大赛项目集训基地
	西北机械技师学院	第 45 届世界技能大赛项目集训基地
信息网络布线	天津市电子信息高级技术学校	第 42、43、44、45 届世界技能大赛项目集训基地
	邢台技师学院	第 45 届世界技能大赛项目集训基地
	无锡技师学院	第 45 届世界技能大赛项目集训基地
	云南技师学院	第 45 届世界技能大赛项目集训基地
	兴安盟高级技工学校	第 45 届世界技能大赛项目集训基地

项目名称	基地名称	备注
网络系统管理	广州市工贸技师学院	第 43、44、45 届世界技能大赛项目集训基地
	上海海盾安全技术培训中心	第 45 届世界技能大赛项目集训基地
	安徽阜阳技师学院	第 45 届世界技能大赛项目集训基地
	贵州省电子信息技师学院	第 45 届世界技能大赛项目集训基地
商务软件解决方案	邢台技师学院	第 43、44、45 届世界技能大赛项目集训基地
	上海商学院	第 45 届世界技能大赛项目集训基地
	苏州技师学院	第 45 届世界技能大赛项目集训基地
印刷媒体技术	上海出版印刷高等专科学校	第 43、44、45 届世界技能大赛项目集训基地
	江西省印刷高级技工学校	第 44 、45 届世界技能大赛项目集训基地
	漳州理工职业学院	第 45 届世界技能大赛项目集训基地
网站设计与开发	上海信息技术学校	第 42、43、44、45 届世界技能大赛项目集训基地
	江西省电子信息技师学院	第 45 届世界技能大赛项目集训基地
	广州市工贸技师学院	第 45 届世界技能大赛项目集训基地
时装技术	北京市工贸技师学院	第 43、44、45 届世界技能大赛项目集训基地
	广州市白云工商技师学院	第 44 、45 届世界技能大赛项目集训基地

项目名称	基地名称	备注
时装技术	重庆市工贸高级技工学校	第 45 届世界技能大赛项目集训基地
	常熟服装城集团有限公司	第 45 届世界技能大赛项目集训基地
花艺	上海市城市建设工程学校（上海市园林学校）	第 44 、45 届世界技能大赛项目集训基地
	湖北生态工程职业技术学校	第 45 届世界技能大赛项目集训基地
	杭州第一技师学院	第 45 届世界技能大赛项目集训基地
平面设计技术	深圳技师学院	第 43、44、45 届世界技能大赛项目集训基地
	杭州轻工技师学院	第 45 届世界技能大赛项目集训基地
珠宝加工	广州南华工贸高级技工学校	第 44 、45 届世界技能大赛项目集训基地
	深圳技师学院	第 44 、45 届世界技能大赛项目集训基地
	北京市工艺美术高级技工学校	第 45 届世界技能大赛项目集训基地
商品展示技术	广东省轻工业高级技工学校	第 44 、45 届世界技能大赛项目集训基地
	上海工艺美术职业学院	第 44 、45 届世界技能大赛项目集训基地
	北京市工贸技师学院	第 45 届世界技能大赛项目集训基地
3D 数字游戏艺术	深圳技师学院	第 44 、45 届世界技能大赛项目集训基地
	北京市新媒体技师学院	第 44 、45 届世界技能大赛项目集训基地

项目名称	基地名称	备注
3D 数字游戏艺术	广西机电技师学院	第 45 届世界技能大赛项目集训基地
烘焙	王森国际咖啡西点西餐学院	第 44 、45 届世界技能大赛项目集训基地
	重庆市商务高级技工学校	第 44 、45 届世界技能大赛项目集训基地
	东莞市技师学院	第 44 、45 届世界技能大赛项目集训基地
	北京轻工技师学院	第 45 届世界技能大赛项目集训基地
	海南省三亚技师学院	第 45 届世界技能大赛项目集训基地
美容	重庆城市管理职业学院	第 44 、45 届世界技能大赛项目集训基地
	南京集红堂彩妆职业培训学校	第 44 、45 届世界技能大赛项目集训基地
	武汉海峡萧氏美容发展有限公司	第 45 届世界技能大赛项目集训基地
	广东省轻工业高级技工学校	第 45 届世界技能大赛项目集训基地
糖艺 / 西点制作	王森国际咖啡西点西餐学院	第 45 届世界技能大赛项目集训基地
	北京轻工技师学院	第 44 、45 届世界技能大赛项目集训基地
	中山市技师学院	第 45 届世界技能大赛项目集训基地
	安徽新东方烹饪技工学校	第 45 届世界技能大赛项目集训基地

项目名称	基地名称	备注
糖艺 / 西点制作	江西省工贸高级技工学校	第 45 届世界技能大赛项目集训基地
烹饪（西餐）	北京市工贸技师学院	第 44 、45 届世界技能大赛项目集训基地
	宁波市古林职业高级中学	第 44 、45 届世界技能大赛项目集训基地
	上海蓝带厨艺职业技能培训学校	第 45 届世界技能大赛项目集训基地
	重庆市商务高级技工学校	第 45 届世界技能大赛项目集训基地
	吉林省工商技师学院	第 45 届世界技能大赛项目集训基地
美发	重庆五一高级技工学校	第 42、43、44、45 届世界技能大赛项目集训基地
	杭州运河技工学校（杭州市拱墅区职业高级中学）	第 44 、45 届世界技能大赛项目集训基地
	北京市新媒体技师学院	第 45 届世界技能大赛项目集训基地
	乌鲁木齐市特别特职业技能培训学校	第 45 届世界技能大赛项目集训基地
	山东蓝翔高级技工学校	第 45 届世界技能大赛项目集训基地
健康和社会照护	上海健康医学院	第 45 届世界技能大赛项目集训基地
	广州市轻工高级技工学校	第 45 届世界技能大赛项目集训基地
	河南医药技师学院	第 45 届世界技能大赛项目集训基地
	重庆市卫生技工学校	第 45 届世界技能大赛项目集训基地

<table>
<tr><th>项目名称</th><th>基地名称</th><th>备注</th></tr>
<tr><td>健康和社会照护</td><td>山东医药技师学院</td><td>第 45 届世界技能大赛项目集训基地</td></tr>
<tr><td rowspan="4">餐厅服务</td><td>上海市南湖职业学校</td><td>第 43、44、45 届世界技能大赛项目集训基地</td></tr>
<tr><td>杭州第一技师学院</td><td>第 44 、45 届世界技能大赛项目集训基地</td></tr>
<tr><td>广州市轻工高级技工学校</td><td>第 44 、45 届世界技能大赛项目集训基地</td></tr>
<tr><td>盘锦福德汇餐饮管理有限公司</td><td>第 45 届世界技能大赛项目集训基地</td></tr>
<tr><td rowspan="3">网络安全</td><td>上海海盾安全技术培训中心</td><td>第 45 届世界技能大赛项目集训基地</td></tr>
<tr><td>青岛市技师学院</td><td>第 45 届世界技能大赛项目集训基地</td></tr>
<tr><td>成都东软学院</td><td>第 45 届世界技能大赛项目集训基地</td></tr>
<tr><td rowspan="3">云计算</td><td>江苏省常州技师学院</td><td>第 45 届世界技能大赛项目集训基地</td></tr>
<tr><td>沈阳东软睿道教育服务有限公司</td><td>第 45 届世界技能大赛项目集训基地</td></tr>
<tr><td>海南省技师学院</td><td>第 45 届世界技能大赛项目集训基地</td></tr>
<tr><td rowspan="4">酒店接待</td><td>上海商学院</td><td>第 45 届世界技能大赛项目集训基地</td></tr>
<tr><td>潍坊市技师学院</td><td>第 45 届世界技能大赛项目集训基地</td></tr>
<tr><td>苏州市电子信息技师学院</td><td>第 45 届世界技能大赛项目集训基地</td></tr>
<tr><td>安徽金寨技师学院</td><td>第 45 届世界技能大赛项目集训基地</td></tr>
</table>

项目名称	基地名称	备注
化学实验室技术	山东化工技师学院	第 45 届世界技能大赛项目集训基地
	上海信息技术学校	第 45 届世界技能大赛项目集训基地
	重庆市玉琪睿医药科技有限公司	第 45 届世界技能大赛项目集训基地

3.3 技术技能训练

人力资源社会保障部在每届世界技能大赛参赛集训工作开始前都会专门研究印发《集训工作技术指导意见》，规划、组织好各项集训相关工作。

在全国选拔赛中胜出的选手进入集训基地后一般会接受技术技能和综合素质两个方面的训练。

一般集训的训练环节包括日常训练和强化训练两个阶段。日常训练是指自项目集训工作启动到确定最终参赛选手阶段性考核之前的训练阶段；强化训练是指确定参赛选手的阶段性考核之后，到出国参赛之前的训练阶段。

在这里，要特别介绍几位“幕后英雄”，正因为他们的专业、敬业和付出，我国选手才能够在世界技能大赛的竞技场上勇往直前，一次又一次地创造“惊喜”。他们就是每个参赛项目的技术指导专家、翻译和教练。若干名技术指导专家、1 名翻译、1 个教练组等组成项目技术指导专家组，帮助选手提高技能和掌握技术规则，帮助选手成就技能冠军之梦。

- 技术指导专家。由全国知名且是该项目的资深专业技术人员担任，一般要求从事本项目技术工作 15 年以上，有高级技师职业资格或副高级以上专业技术职务，专业技能高超，得到行业普遍认同。技术指导专家负责对选手训练的设计和把控。一般情况下，技术指导专家组的组长作为我国的专家，可以通过网络平台与其他各国或地区的专家保持互动，研讨题目及评分细则，世界技能大赛比赛期间作为现场裁判之一履行考评职责。本国专家在比赛期间是不能与选手进行交流的，只能在非比赛时间才可与选手进行沟通。

- **翻译**。世界技能大赛使用的试题、各阶段发布的各种信息均为英文版，非英语成员国家或地区可以配置翻译。翻译负责收集大赛信息并将其翻译给选手，协助选手阅读大赛试题。世界技能大赛比赛期间，选手能够近距离接触并在允许的情况下相互交流的人只有翻译。
- **教练**。教练是负责对选手实施日常训练、陪伴选手成长的老师，在技术指导专家组组长和选手之间起承上启下的作用，具体落实专家组组长的训练意图。世界技能大赛比赛期间，教练是不能与选手进行交流的。

各项目技术指导专家组组长在集训工作启动前，都会组织技术指导专家组成员与集训基地协商，制定出集训工作方案，确定训练目标，合理安排训练时间和训练内容，采取有效的训练方法。

选手的训练是由教练按照该项目世界技能大赛技术标准，以及集训工作方案的要求结合选手的实际情况，安排有针对性的训练。在训练中，选手不仅要注意提高自己的技能操作水平，还要注意养成良好的职业规范和遵守规则的意识，不能出现违反竞赛规则、操作规范和安全要求的行为。

选手每天训练的基本情况和存在的问题，教练都会在训练结束时填写在选手的训练日志中。

阶段性考核对于参加集训的选手来说是非常残酷的，每一次阶段性考核后，都会有选手止步在冲击世界技能大赛的道路上，默默地离开集训基地。然而比赛就是这样，必然会有成败，虽然没能登上世界技能大赛的舞台，但这些选手也是非常优秀的，能够入围世界技能大赛国家集训队本身就是一种莫大的荣誉，而且人力资源社会保障部规定，这些选手可以在现有职业资格等级基础上晋升一级。

3.4 综合素质训练

选手在日常训练过程中，除了接受技术技能训练外，还必须接受相应的综合素质训练，以确保选手有强健的体魄和较强的应变能力、适应能力、自我管理能力等来应对世界技能大赛上高强度的比赛过程。综合素质训练主要包括思想教育、培养规则意识、心理训练、应变能力训练、自我管理训练、体能训练、交流能力和英语训练，以及适应性训练与团队磨合训练。从世界技能大赛的项目设置来看，有的项目消耗脑力比较多、体力比较少，如平面设计技术、CAD 机械设计、网络安全等项目；也有的项目不但消耗脑力，还会长时间消耗大量体力，如砌筑、电气装置等项目。再加上赛场所在地的气候、饮食习惯、时差等因素的影响，选手只有具备充沛的体力和较强的适应能力，才能确保在大赛期间发挥出最佳水平。

集训选手长期处于高度紧张状态，特别是最终坚持到世界技能大赛的选手，在世界技能大赛的赛场上面对设备、设施、环境等改变的同时，还要经受前所未有的压力，如果没有强大的内心和应变、自我管理能力，面对各种考验的时候一旦陷入焦虑、恐慌、急躁甚至茫然的状态，必然无法发挥出最佳的水平，从而直接影响比赛成绩。因此，心理、应变能力、自我管理能力训练也是选手日常训练的重要组成部分，有的集训基地会邀请心理专家全程参与对选手的心理测评和辅导工作。

一般来说，在集训的各个阶段，综合素质训练的重点和方法都会有一定的差别。

3.5 对外交流活动

我国在很多竞赛项目上的参赛经验还不足，因此，从国家到地方，再到各项目集训队都非常注重对外交流。

人力资源社会保障部曾多次从世界技能组织成员国和地区邀请世界技能大赛个项目的专家到中国来为我国的参赛选手及其技术指导专家团队进行参赛知识的普及和问题解答。通过这些对外交流活动，丰富了各参赛项目专家、教练和选手的世赛知识，提高了选手的技能水平，既锻炼了能力，又了解了与世界技能大赛标准的差距和自身的不足。

● 观摩并参加俄罗斯全国技能大赛

2018 年 8 月 6 日至 13 日，人力资源社会保障部组团赴俄罗斯联邦萨哈林州南萨哈林斯克市观摩俄罗斯全国技能大赛，来自俄罗斯联邦 85 个联邦主体的 700 多名选手参加了 60 个项目的比赛，152 名 14 ~ 16 岁的学生参加了其中 36 个项目的青少年组比赛，700 名裁判员参与执裁工作。俄方邀请了中、日、韩、英国、瑞士等 8 国技能组织官员及专家共 58 人观摩大赛，邀请了 6 个国家和地区的专家和选手参赛。

2019 年 5 月 20 日至 24 日，人力资源社会保障部组团赴俄罗斯喀山参加俄罗斯全国技能大赛，选派选手参加了车身修理、货运代理、瓷砖贴面、工业控制、综合机械与自动化、花艺等 6 个项目的比赛。通过观摩比赛和参加交流赛，使我国第 45 届世界技能大赛部分参赛项目专家深入了解世赛技术标准、竞赛规则和工作流程，更好指导我国选手强化训练，同时，使我国相关参赛项目备赛选手得到锻炼。

● 观摩第十二届东盟技能大赛

2018 年 8 月 29 日至 9 月 5 日，人力资源社会保障部组团赴泰国曼谷观摩第十二届东盟技能大赛。第十二届东盟技能大赛赛项设置了六大领域，共 26 个竞赛项目（24 个为正式项目，2 个为表演项目）。来自东盟十国共 305 名选手和 260 名专家参与了本次大赛。我国选派汽车技术、烹饪（西餐）、信息网络布线等 15 个项目的专家（教练）和翻译进行观摩交流。

● 观摩欧洲技能大赛

2018 年 9 月 25 日至 10 月 1 日，人力资源社会保障部组团赴匈牙利布达佩斯观摩 2018 欧洲技能大赛。六大竞赛领域共设立 35 个正式比赛项目和 2 个演示项目，其中 33 个世赛项目、4 个欧赛项目。来自欧洲 28 个国家超过 550 名选手参加了 37 个项目的竞赛。比赛期间，还举行了现场参观、技能体验、现场研讨等配套活动，共有超过 10 万名以青年人为主的观众到场观摩。

● 参加澳大利亚挑战赛

2019 年 4 月 9 日至 16 日，人力资源社会保障部组团赴澳大利亚墨尔本参加澳大利亚 2019 全球技能挑战赛。澳大利亚特别邀请中国、韩国、日本、新加坡、马来西亚、中国香港、中国台北、俄罗斯、爱尔兰、英国、法国、加拿大、巴西、新西兰、印度等 15 个国家和地区的专家、选手及代表共约 500 人参加 24 个项目的比赛。中国代表团参加了 23 个项目比赛，取得 7 金 5 银 3 铜的优异成绩，位列金牌榜和奖牌榜首位。

● “一带一路”国际技能大赛

为深入贯彻落实习近平总书记提出的“一带一路”倡议和党的十九大精神，加强“一带一路”沿线国家在人力资源领域的交流合作，进一步提升我国技能人才队伍建设水平，更好地加强国际交流，2019 年 5 月 27 日至 30 日，人力资源社会保障部、国家发展和改革委员会、国家国际发展合作署和重庆市人民政府在重庆市共同举办了“一带一路”国际技能大赛（以下简称“大赛”）。

大赛以“技能合作，共同发展”为主题，按照世界技能大赛模式和标准，选定汽车技术、电子技术、水处理技术、砌筑、信息网络布线、健康和社会照护等 18 个比赛项目，包括我国在内的 44 个国家和地区的参赛代表队近 700 名人员参赛。

5 月 27 日，中央政治局委员、重庆市委书记陈敏尔出席开幕式并宣布大赛开幕。5 月 30 日晚举行大赛闭幕和颁奖仪式。中国、俄罗斯、法国、英国、韩国等 23 个国家和地区获得奖牌和优胜奖。据统计，国内近 5 万余名观众观摩比赛，40 多家中外媒体现场报道宣传了大赛盛况。

比赛期间，还举行了“文化展演、技艺交流、技能体验、产品展览、合作签约”等活动，组织 300 多名高技能人才展现了“巴渝工匠”绝技绝活，统筹安排国内外校企、校校技能合作签约，组织参赛人员开展“一校一队”交流、城市观光和文化表演，举办“一带一路”国家职业技能培训班并组织学员现场观摩，特别是 1.2 万名技工院校学生、中小学生观看了比赛和体验了技能，激发了感受技能、学习技能、崇尚技能的热情。本次大赛充分展示了“和平合作、开放包容、互学互鉴、互利共赢”的丝路精神，加深了各国对“一带一路”倡议的认同，为“一带一路”国家技能交流与合作搭建了技能融通、增进友谊平台，进一步提升了我国在国际技能领域的影响力，也为我国举办国际技能竞赛积累了宝贵经验，在全社会营造了“尊重技能、崇尚劳动”的良好社会氛围。

「一带一路」
国际技能大赛
BRISC
THE BELT AND ROAD
INTERNATIONAL SKILLS
COMPETITION
一带一路
国际技能大赛
THE BELT AND
INTERNATIO
COMPETI

4. 世界技能大赛竞赛项目

当然可以。现在我们就到2019年8月举办的第45届世界技能大赛的现场去看看每个竞赛项目的要求和选手表现吧。

4.1 运输与物流

4.1.1 飞机维修

飞机维修项目是指按照标准和程序要求对飞机/直升机进行维护、检查，发现并排除故障，使飞机/直升机达到安全服役状态的竞赛项目。比赛中对选手的技能要求主要包括：熟悉飞机/直升机的机身结构、动力、液压、操纵、电气等系统的原理和组成，具备钣金成形、铆接、机务维护、复合材料修理、机械和电气结构拆装和故障排除等基本知识和技能；掌握简单的飞机/直升机结构图、电气系统原理图、技术手册等，能够正确使用各种工具和检测设备，对各种类型的飞机/直升机进行技术故障排除、修理和维护；具备飞机/直升机故障查找和准确描述、飞机结构修理（有色金属）、复合材料结构检修、外场可更换单元（LRU）机械和电气故障排除、确认并放飞程序各模块的理论知识和操作技能。

奖牌榜（2011—2019 年）

赛事	金牌	银牌	铜牌
第 41 届世界技能大赛	爱尔兰	芬兰	加拿大
第 42 届世界技能大赛	爱尔兰	瑞典 新西兰	英国 芬兰
第 43 届世界技能大赛	爱尔兰	英国 加拿大	—
第 44 届世界技能大赛	芬兰 新西兰	—	韩国
第 45 届世界技能大赛	英国	俄罗斯 中国（叶钟盛）	—

worldskills

4.1.2 车身修理

车身修理项目是指通过车身校正平台和相关的测量设备，检测车身损伤程度并修复结构损伤至原厂技术参数的竞赛项目。比赛中对选手的技能要求主要包括：诊断与校正；更换需要焊接的面板和部件；拆卸、重装或更换以及重组内外部件和面板；正确选择、组装和使用工具或设备；修复车身相关件，如车身电气诊断、塑料件修复和玻璃更换等。

奖牌榜（2011—2019 年）

赛事	金牌	银牌	铜牌
第 41 届世界技能大赛	日本	丹麦 中国台北 英国	—
第 42 届世界技能大赛	日本	中国台北	瑞士 英国 德国
第 43 届世界技能大赛	日本	瑞士 中国（罗良）	—
第 44 届世界技能大赛	中国（杨山巍）	瑞士	英国
第 45 届世界技能大赛	中国（徐澳门）	中国台北	法国 日本 瑞士

4.1.3 汽车技术

汽车技术项目是指选手在汽修车间进行汽车检测、故障诊断以及维护修理的竞赛项目。比赛中对选手的技能要求主要包括：目视检查，使用测试仪器与故障诊断仪器进行测量、检测，对数据（流）分析、诊断车辆各系统的故障并排除；具备系统的逻辑思维能力，能进行电气系统的构建和测试；可完成制动稳定性控制系统、悬挂及转向系统、发动机机械性能测试与修理，具备传动装置和组件维护、柴油系统和汽油发动机管理等问题的诊断及维护能力。

奖牌榜（2011—2019 年）

赛事	金牌	银牌	铜牌
第 41 届世界技能大赛	瑞士 日本	—	英国
第 42 届世界技能大赛	澳大利亚	韩国 意大利南蒂罗尔	瑞士
第 43 届世界技能大赛	韩国 巴西	—	中国台北
第 44 届世界技能大赛	中国台北	中国（杨文浩）	日本 马来西亚
第 45 届世界技能大赛	俄罗斯	中国（王桢） 中国台北	—

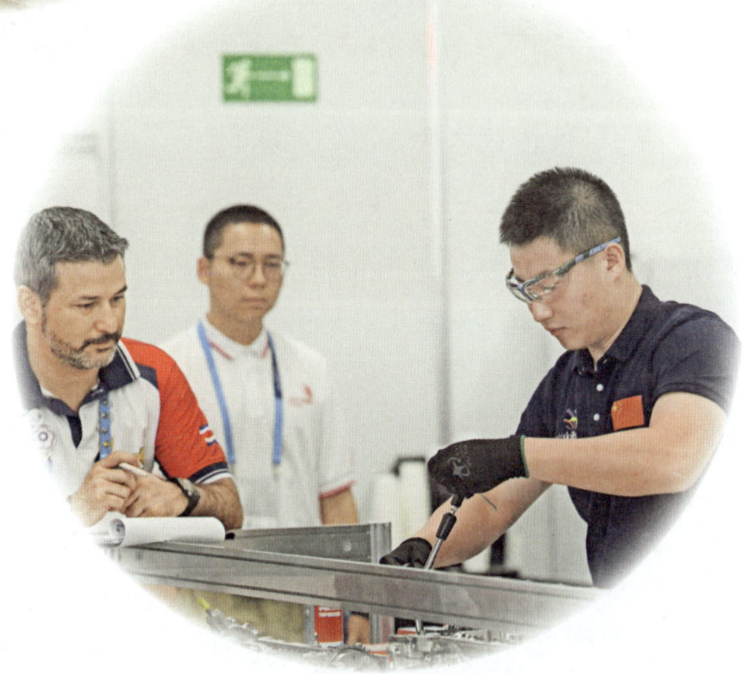

4.1.4 汽车喷漆

汽车喷漆项目是指运用合适的技术和流程，对汽车工件上的损伤进行喷漆修复的竞赛项目，包括：使用原子灰修复汽车金属工件上的划痕、凹陷损伤，喷涂防锈底漆，高固中涂底漆或免磨底漆，水性素色、银粉或珍珠底色漆，高固清漆，快干清漆或者哑光清漆，纳米陶瓷清漆，使效果、质量达到受损前的状态。对于塑料件损伤，使用塑料原子灰、塑料底漆，并在清漆中添加柔软添加剂。汽车喷漆项目对选手的技能要求主要包括以下方面：打磨原子灰至受损前状态；喷涂底漆、水性底色漆、清漆至原厂漆质量；调色技能，选手需要选择并使用正确用量的色母调配色漆，喷涂试色板检验所调颜色是否准确，然后微调颜色直到与目标颜色一致；在汽车工件上喷绘图案。

奖牌榜（2011—2019 年）

赛事	金牌	银牌	铜牌
第 41 届世界技能大赛	韩国	澳大利亚	英国 瑞典 加拿大 挪威
第 42 届世界技能大赛	瑞士	瑞典	挪威 丹麦
第 43 届世界技能大赛	中国（杨金龙）	瑞典	英国
第 44 届世界技能大赛	中国（蒋应成）	英国	瑞士 德国 法国
第 45 届世界技能大赛	中国台北	英国	澳大利亚

C1
C2
C3

4.1.5 重型车辆维修

重型车辆维修是对工程机械、农业机械、矿山机械、林业机械、重型卡车和工业设备进行维修、保养的竞赛项目。比赛中对选手的技能要求主要包括：具备组织和执行有关保养和维护决定，液压系统、整车电气、传动、转向、制动系统故障诊断和排除，应用最合适的方法完成任务的能力；按照要求进行相应的精密测量、故障检查、相关组件和系统的保养维修工作；正确使用相关工具，在保养、维修过程中以书面形式清晰、准确地记录每项任务的技术资料。

奖牌榜（2015—2019 年）

赛事	金牌	银牌	铜牌
第 43 届世界技能大赛	奥地利	瑞士 法国	加拿大
第 44 届世界技能大赛	瑞士	俄罗斯	丹麦
第 45 届世界技能大赛	巴西	加拿大	美国

4.1.6 货运代理

货运代理项目自45届开始成为正式参赛项目（第44届为新增展示项目），是指按照货运代理业务流程，在规定的期限和压力下完成客户获取、报价计算、运输管理、费用计算、海运操作、投诉处理和索赔处理等的竞赛项目。比赛中对选手的技能要求主要包括：掌握货运代理业务流程，运用公路、铁路、航空、海（水）运、多式联运等多种交通手段，满足货物及物品在世界范围内移动，以用于销售和生产；在规定的期限和压力下完成客户获取、路径设计、客户沟通、业务与合同、报价计算、运输管理、索赔、投诉处理等多方面内容；应用国际通用语言——英文对业务情况进行交涉与沟通；具有全面的、专业的物流知识，具备精准、快速的反应能力，有效运用问题处理技能满足客户的要求。

奖牌榜（2017—2019年）

赛事	金牌	银牌	铜牌
第44届世界技能大赛	俄罗斯 新加坡	—	奥地利
第45届世界技能大赛	爱尔兰	新加坡	俄罗斯

4.2 结构与建筑技术

4.2.1 建筑石雕

建筑石雕项目是指根据图样指示完成模板剪切，并对石材进行精确的细节雕刻及字母、图案雕饰的竞赛项目。该项目对选手的技能要求包括：正确识读图样信息，按照图样要求对石材进行雕刻处理；应用复杂模板完成雕刻工作，针对不同石材特性准确采用手工或气动雕刻技术；了解如何刻字雕花，并能将完整尺寸的图样和细节信息转化到石材上。

奖牌榜（2011—2019 年）

赛事	金牌	银牌	铜牌
第 41 届世界技能大赛	法国 英国	—	韩国
第 42 届世界技能大赛	奥地利	法国 英国 日本	—
第 43 届世界技能大赛	奥地利	巴西	韩国 英国
第 44 届世界技能大赛	巴西	英国	法国 俄罗斯 韩国
第 45 届世界技能大赛	中国（郑权）	奥地利 法国	—

worldskills

4.2.2 砌筑

砌筑项目指通过进行砌铺、垒石料、装玻璃或抹陶土等工作，建造内墙和外墙、隔断、壁炉、烟窗和其他建筑物的竞赛项目。比赛中对选手的技能要求主要包括：识图、放样和测量；按照图样进行项目施工；对不同材料采用手工切割或机械切割技术，将砖块定位并铺设到正确位置；根据规范对接缝进行表面处理。

奖牌榜（2011—2019 年）

赛事	金牌	银牌	铜牌
第 41 届世界技能大赛	丹麦 英国	—	意大利南蒂罗尔 澳大利亚 瑞士
第 42 届世界技能大赛	英国	丹麦 奥地利 意大利南蒂罗尔	—
第 43 届世界技能大赛	意大利南蒂罗尔	中国台北 丹麦 奥地利 巴西	韩国 澳大利亚
第 44 届世界技能大赛	中国（梁智滨） 奥地利	—	澳大利亚
第 45 届世界技能大赛	中国（陈子烽）	奥地利	意大利南蒂罗尔

worldskills

4.2.3 家具制作

家具制作是一项综合运用家具设计、家具材料、家具结构、加工工艺、装饰艺术等专业知识、制作技术和审美能力，通过应用限定的机械加工设备、设施与手工工具，完成一件高质量的家具制作的竞赛项目。比赛中对选手的技能要求主要包括：能快速、准确地看懂图样，并制定加工制作的正确流程；能正确识别和熟练应用各种材料；能熟练掌握和安全操作工位内和公共区域的各种加工设备及设施；能熟练、高效和科学地使用各种手工工具，且能综合地将手工制作与设备加工高度融合完成高精度的各种榫卯和家具结构的加工；同时具备贴木皮等装饰技能、砂光打磨和倒棱等表面处理能力以及零部件组装、五金配件的精准安装等能力；能在整个比赛过程中严格遵守安全、健康和环保的要求，在规定时间内独立完成一件优质产品的制作。

奖牌榜（2011—2019 年）

赛事	金牌	银牌	铜牌
第 41 届世界技能大赛	德国	瑞士	加拿大 法国 韩国
第 42 届世界技能大赛	英国	芬兰	奥地利 意大利南蒂罗尔
第 43 届世界技能大赛	奥地利 英国 意大利南蒂罗尔 匈牙利 韩国	—	中国台北
第 44 届世界技能大赛	中国台北 瑞士	—	巴西 英国
第 45 届世界技能大赛	匈牙利	瑞士 中国（吴晋卿）	—

4.2.4 木工

木工项目指对商业和民用等建筑项目进行准确测量、制图、放样、精准切割、安装，包括制作楼梯、外墙、屋顶以及定制橱柜等；适用范围为商业建筑、民居、车库、棚子、眺望台、藤架和游戏室的竞赛项目。比赛中对选手的技能要求主要包括：测量、放样、熟练使用手动工具或电动工具进行切割、制作结合处、组装、安装等。

奖牌榜（2011—2019 年）

赛事	金牌	银牌	铜牌
第 41 届世界技能大赛	韩国	法国 日本	德国
第 42 届世界技能大赛	韩国	瑞士	德国
第 43 届世界技能大赛	韩国 德国	—	丹麦 意大利南蒂罗尔 法国
第 44 届世界技能大赛	韩国	瑞士 意大利南蒂罗尔 澳大利亚 法国	—
第 45 届世界技能大赛	德国	韩国 瑞士 意大利南蒂罗尔 法国	—

worldskills

4.2.5 混凝土建筑

混凝土建筑项目是指技术人员进行商业建筑和住宅建筑的建造，可在室内外进行工作的竞赛项目。比赛中对选手的技能要求主要包括：准备简单的现场测量图及相关原材料，计算模板和原材料等的需求；解读、分析与领会模板、钢筋、混凝土等的施工方案；完成比赛要求的有关放样测量、模板搭建、钢筋绑扎、混凝土浇筑、模板拆除和再加工等相关任务。

奖牌榜（2015—2019 年）

赛事	金牌	银牌	铜牌
第 43 届世界技能大赛	奥地利	德国	巴西
第 44 届世界技能大赛	奥地利	德国	巴西
第 45 届世界技能大赛	中国 （陈君辉、李俊鸿） 奥地利	—	德国

worldskills

4.2.6 电气装置

电气装置项目是指运用传统技术和新兴技术，对各类商业或民用建筑的电气装置进行特定设计、安装、调试、运行的竞赛项目。比赛中对选手的技能要求主要包括：熟练掌握多种不同用途的线路系统的安装与调试；使用提供的图样和文档对安装工作进行规划和设计，并完成安装；调试安装设备，以保证各项操作正确性；诊断电气装置，识别问题并维修。

奖牌榜（2011—2019 年）

赛事	金牌	银牌	铜牌
第 41 届世界技能大赛	瑞士 爱尔兰 澳大利亚	—	韩国 挪威
第 42 届世界技能大赛	日本 瑞士	—	韩国 瑞典 英国
第 43 届世界技能大赛	巴西	中国 （惠希奇）	日本
第 44 届世界技能大赛	瑞士	中国（董辉）	意大利南蒂罗尔
第 45 届世界技能大赛	中国（肖星星）	中国台北 俄罗斯	巴西 意大利南蒂罗尔

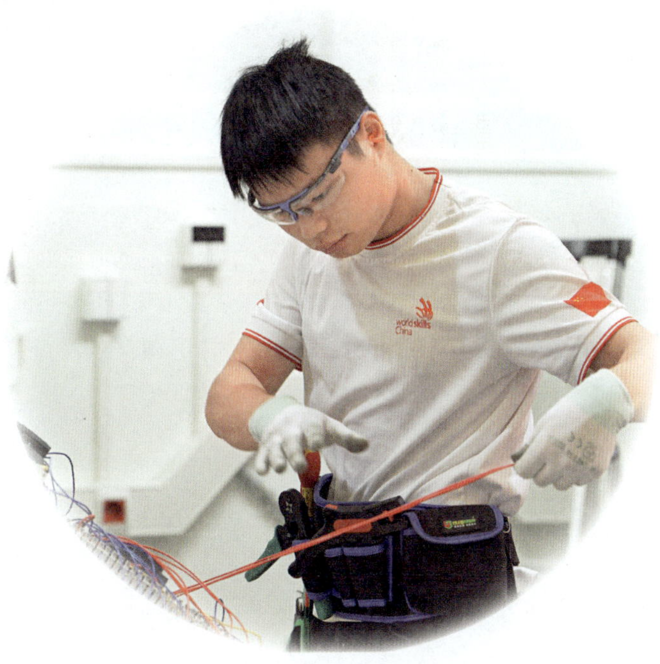

4.2.7 精细木工

精细木工项目是指通过手工工具和木工机器设备，使用多种榫卯形式连接两个或两个以上的木构件，形成结构，用于门、窗、楼梯和其他建筑构建的竞赛项目。比赛中对选手的技能要求主要包括：识图、绘图、材料挑选、榫卯制作、铣形修边、构件组装、表面处理、安全操作等。

奖牌榜（2011—2019 年）

赛事	金牌	银牌	铜牌
第 41 届世界技能大赛	韩国	瑞士	英国
第 42 届世界技能大赛	瑞士	法国 奥地利 中国台北	—
第 43 届世界技能大赛	中国台北	法国 巴西 韩国 瑞士	—
第 44 届世界技能大赛	法国 韩国	—	瑞士 巴西
第 45 届世界技能大赛	法国	韩国	瑞士 奥地利

4.2.8 园艺

园艺项目是在规定的时间和空间里，按设计好的赛题及设计理念，使用工具对指定造景材料进行制作、安装、布置和维护的竞赛项目。比赛中对选手的技能要求主要包括：砌筑、木作、植物与置石造景、水电安装等；合理安排工作流程和工时；注意个人防护，施工动作符合人体工学。

奖牌榜（2011—2019 年）

赛事	金牌	银牌	铜牌
第 41 届世界技能大赛	瑞士	瑞典 英国	—
第 42 届世界技能大赛	瑞士	德国	奥地利
第 43 届世界技能大赛	意大利南蒂罗尔	英国 瑞士	—
第 44 届世界技能大赛	意大利南蒂罗尔	瑞士	爱沙尼亚 中国 （汪仕洋、孙伟）
第 45 届世界技能大赛	瑞士	意大利南蒂罗尔	哥伦比亚

worldskills

4.2.9 油漆与装饰

油漆与装饰（绘画与装饰）项目是指考查创造性思维、设计意识、绘画技能、油漆涂装技术等技能操作的竞赛项目。比赛中对选手的技能要求主要包括：阅读理解技术文件和图样及制作材料说明书，依据图样做出整体的施工方案；根据图样技术要求对坐标、尺度、比例进行精确测量，运用手绘或通过计算机进行辅助设计；根据不同类型基底采用正确的预备施工步骤，正确使用工具和设备按标准检查整体施工质量；注重环境保护和施工区域的整洁，包括清洁维护施工设备；注意做好健康安全保护。

奖牌榜（2011—2019 年）

赛事	金牌	银牌	铜牌
第 41 届世界技能大赛	奥地利 丹麦	—	中国台北 芬兰
第 42 届世界技能大赛	法国 奥地利	—	中国台北
第 43 届世界技能大赛	法国	奥地利	瑞士
第 44 届世界技能大赛	奥地利	瑞士	法国
第 45 届世界技能大赛	奥地利	瑞士	法国

KAZAN
2019

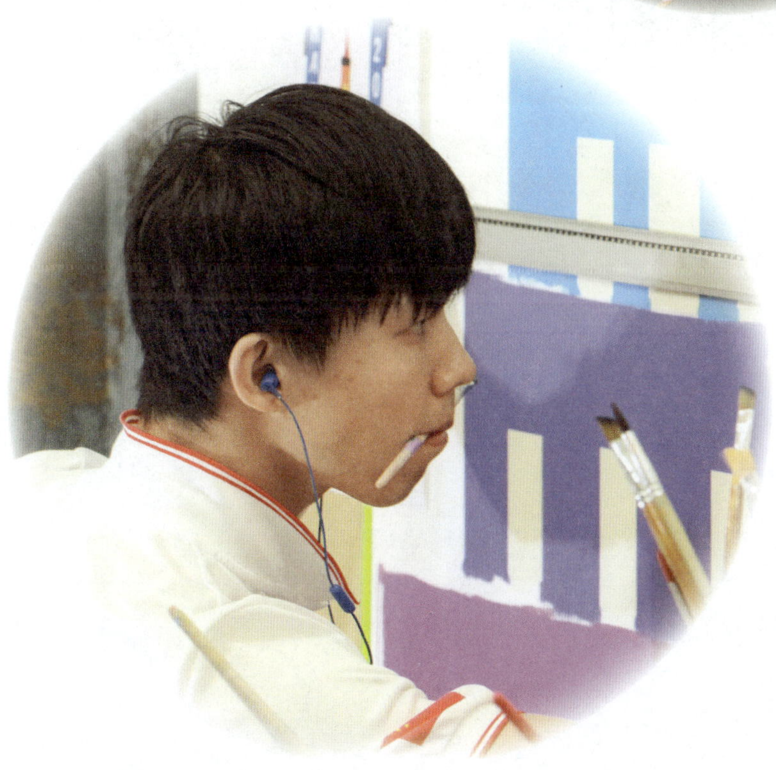

4.2.10 抹灰与隔墙系统

抹灰与隔墙系统项目是使用涂料、装饰材料等，运用抹灰技术，对建筑进行修建、改善和整修的竞赛项目。比赛中对选手的技能要求主要包括：在石膏板上进行金属框架，隔热、隔音、防火处理；装饰与预制件的处理；判断室内涂料是否褪色、光滑、有纹理；看懂设计图样；进行隔墙、天花板、边角处理，石膏板的修整和抹灰，创意与装饰等。

奖牌榜（2011—2019 年）

赛事	金牌	银牌	铜牌
第 41 届世界技能大赛	爱尔兰	韩国	瑞士
第 42 届世界技能大赛	中国台北 德国	—	韩国 爱尔兰
第 43 届世界技能大赛	列支敦士登	瑞士 德国	—
第 44 届世界技能大赛	法国 列支敦士登	—	韩国
第 45 届世界技能大赛	俄罗斯	中国（高宇宙）	法国 瑞士

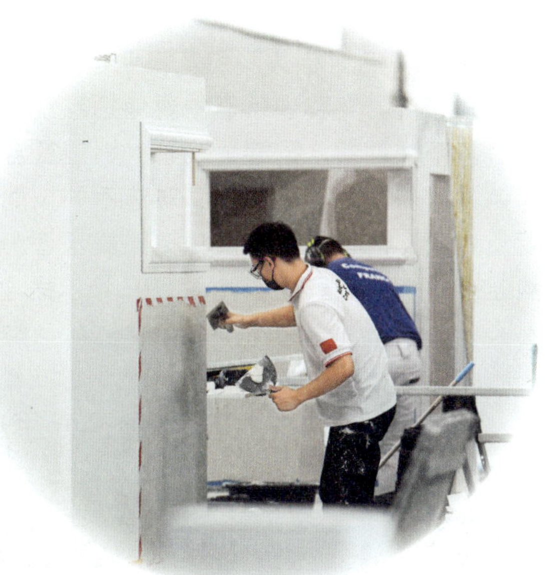

4.2.11 管道与制暖

管道与制暖项目是指为民用及工业建筑安装给水、排水、供暖、卫浴等系统的设备和管道的竞赛项目，主要包括系统管路设计，供热、供暖、卫浴等设备安装，不锈钢管、铜管、钢管、铝塑复合管、非金属管等管道连接，系统功能调试及问题处理。比赛中对选手的技能要求主要包括：管线轴侧图绘制、管道煨弯、铜管钎焊连接、铝塑复合管滑紧连接、金属管卡压连接、钢管套丝连接、HDPE 管热熔连接、PP 管承插连接、专用配件连接及系统调试等。

奖牌榜（2011—2019 年）

赛事	金牌	银牌	铜牌
第 41 届世界技能大赛	英国	奥地利 瑞士	—
第 42 届世界技能大赛	爱尔兰 奥地利 意大利南蒂罗尔	—	韩国
第 43 届世界技能大赛	英国 德国	—	法国 澳大利亚 日本
第 44 届世界技能大赛	奥地利 瑞士	—	韩国 瑞典 伊朗 英国
第 45 届世界技能大赛	韩国	中国（杨应政）	澳大利亚 瑞士

worldskills

4.2.12 制冷与空调

制冷与空调项目指在住宅、商业或公共建筑内，建设和生产期间及建成之后，与所有规格和类型的制冷空调设备相关的工作的竞赛项目。比赛中对选手的技能要求主要包括：按高标准对制冷空调设备进行设计、安装、测试、调试、通报、维护、故障查排和维修。

奖牌榜（2011—2019 年）

赛事	金牌	银牌	铜牌
第 41 届世界技能大赛	巴西	澳大利亚	韩国 荷兰 英国 日本 中国台北
第 42 届世界技能大赛	加拿大 韩国	—	中国台北 巴西 中国（冼星文）
第 43 届世界技能大赛	中国台北	中国（钟建伟） 英国	美国 加拿大
第 44 届世界技能大赛	韩国 俄罗斯	—	中国（吴之庆）
第 45 届世界技能大赛	俄罗斯 韩国	—	澳大利亚

4.2.13 瓷砖贴面

瓷砖贴面项目是指在多种建筑物的墙面、地板、楼梯上铺设陶瓷、马赛克或天然大理石等材料以起到保护和装饰作用的竞赛项目。比赛中对选手的技能要求主要包括：根据图样和说明丈量贴砖的面积，并计算所需最少砖量；移除覆盖物，找平表面，按设计图案切割面砖，在面砖背面涂抹灰浆或胶结剂，把面砖铺贴在建筑物表面上。

奖牌榜（2011—2019 年）

赛事	金牌	银牌	铜牌
第 41 届世界技能大赛	瑞士	德国	奥地利 意大利南蒂罗尔 韩国
第 42 届世界技能大赛	德国 瑞士 奥地利	—	法国
第 43 届世界技能大赛	巴西 法国	—	瑞士 列支敦士登
第 44 届世界技能大赛	中国（崔兆举）	奥地利	韩国
第 45 届世界技能大赛	德国 瑞士	—	俄罗斯 巴西

worldskills

4.3 制造与工程技术

4.3.1 数控铣

数控铣项目是指利用数控铣床（加工中心）对工件进行金属铣削加工的竞赛项目。比赛中对选手的技能要求主要包括：ISO 工程图样的识图能力，计算机及 CAM 软件编程（包括手工编程）的能力，三轴立式数控铣床（可含有刀库）操作技术，金属切削知识及相关刀具使用技术，运用机用平口钳进行工件定位夹紧的能力，使用相关工具完成刀具参数设定及工件坐标系设定，能够使用常用量具进行测量，具备基本铣削、钻孔、铰孔、镗孔、攻螺纹等工艺能力。

奖牌榜（2011—2019 年）

赛事	金牌	银牌	铜牌
第 41 届世界技能大赛	日本 韩国	—	列支敦士登 巴西
第 42 届世界技能大赛	韩国 巴西	—	中国（谢海波） 瑞士
第 43 届世界技能大赛	中国（张志坤） 韩国	—	中国台北
第 44 届世界技能大赛	中国（杨登辉）	日本	韩国
第 45 届世界技能大赛	中国（田镇基）	韩国 日本 越南	泰国

4.3.2 数控车

数控车项目是指依据零件的技术图样，利用车削中心，选择、配置适合的工装夹具和切削刀具，设置机床和切削参数，编制数控程序，生产以回转体为主、部分铣削和钻削为辅的复杂零件的竞赛项目。比赛中对选手的技能要求主要包括：了解机械制造的质量标准和机械加工工艺；熟练掌握读图绘图技能以及基础数学计算知识；熟练掌握车削中心的操作技能；能使用数控系统编制和设置相关参数；能够使用 CAD/CAM 软件建模和自动编程；正确选择和使用切削刀具，并能够根据切削条件选择适合的切削参数；能够正确使用工装夹具及相关工具；能够根据被测要素的特点，合理选用测量工具并对产品进行准确测量。

奖牌榜（2011—2019 年）

赛事	金牌	银牌	铜牌
第 41 届世界技能大赛	日本 泰国 韩国	—	—
第 42 届世界技能大赛	泰国	韩国	日本
第 43 届世界技能大赛	泰国	巴西	中国台北
第 44 届世界技能大赛	巴西	中国（陈智民）	韩国
第 45 届世界技能大赛	中国（黄晓呈）	瑞士 巴西 日本	—

4.3.3 建筑金属构造

建筑金属构造项目是指按照图样要求的结构形式、材料类型、尺寸精度和相应的标准，进行金属构件制作加工的竞赛项目。比赛中对选手的技能要求主要包括：识图、放样、切割下料、成形、装配、焊接、调整、检查、标注等。

奖牌榜（2011—2019 年）

赛事	金牌	银牌	铜牌
第 41 届世界技能大赛	奥地利	瑞士	法国
第 42 届世界技能大赛	韩国	日本	芬兰 奥地利
第 43 届世界技能大赛	韩国	巴西	瑞士 日本 奥地利
第 44 届世界技能大赛	韩国	奥地利 巴西	—
第 45 届世界技能大赛	韩国	中国（刘豪） 奥地利	—

SKILLS
EXPLAINED
شرح المهارات

4.3.4 电子技术

电子技术项目是指运用电子元器件设计和制造某种特定功能的电路或编制某种功能要求的程序代码以解决实际问题的竞赛项目。比赛中对选手的技能要求主要包括：电路原理设计、PCB 设计、线路板安装与调试、嵌入式系统程序设计、电路故障查找与维修等；了解模拟、数字、高频、嵌入式系统等电路相关的工作原理和参数；熟练掌握电子 EDA 软件操作、C 语言程序代码编制、各类电子仪器仪表及工具使用、电路板装调及 ESD、过程数据记录及分析等技能。

奖牌榜（2011—2019 年）

赛事	金牌	银牌	铜牌
第 41 届世界技能大赛	巴西	中国台北 瑞士	—
第 42 届世界技能大赛	中国台北 瑞士	—	日本 韩国
第 43 届世界技能大赛	日本 中国台北	—	巴西 瑞士
第 44 届世界技能大赛	中国台北	瑞士 韩国	—
第 45 届世界技能大赛	中国（梁攀） 瑞士	—	日本 中国台北

4.3.5 工业控制

工业控制项目是指根据一个（或部分）工业流程做出的模拟解决方案，进行电气设备和工业自动化元件的安装，以及程序设计与调试的竞赛项目。比赛中对选手的技能要求主要包括：进行电气及自动化设备的安装与测试，搭建工业控制中心；编写控制程序，配置人机界面并完成系统调试；为电气及自动化设备设计控制原理图并设置参数；利用工具和仪表诊断电气及自动化设备中出现的故障并进行定位和分类。

奖牌榜（2011—2019 年）

赛事	金牌	银牌	铜牌
第 41 届世界技能大赛	韩国	日本	瑞士
第 42 届世界技能大赛	瑞典	日本	巴西
第 43 届世界技能大赛	韩国	中国台北	日本
第 44 届世界技能大赛	中国（袁强） 瑞士 巴西	—	—
第 45 届世界技能大赛	韩国	瑞典	中国（贺江涛）

INDUSTRIAL CONTROL
Lenovo

4.3.6 工业机械装调

工业机械装调项目是指对设备中的零部件进行制作和加工，并对工业机械、机械设备、自动化和机器人系统进行改进、维护和检修的竞赛项目。比赛中对选手的技能要求主要包括：设计工业机械系统，按照图样要求完成零部件的加工和结构件的焊接；能够进行设备的安装、调试、检测，机械驱动的设计、装配、调试、检测，气动自动控制系统的设计、安装、调试及故障检测和排除。

奖牌榜（2015—2019 年）

赛事	金牌	银牌	铜牌
第 43 届世界技能大赛	挪威	澳大利亚	巴西
第 44 届世界技能大赛	中国（宋彪）	巴西 澳大利亚	—
第 45 届世界技能大赛	日本	澳大利亚	中国（张维钰） 爱尔兰

worldskills

WorldSkills
China

4.3.7 制造团队挑战赛

制造团队挑战赛项目是指进行设备组件的设计与制作的竞赛项目。比赛中对选手的技能要求主要包括：具备设计知识，了解建模技术原理，掌握制图技术；具备机加工能力，按照图样要求完成设备组件加工；掌握钣金技术，完成金属板的加工；了解电子工程知识，设计控制电路，完成电子设备活动；掌握焊接技术并能进行焊接设备及工件装配。

奖牌榜（2011—2019 年）

赛事	金牌	银牌	铜牌
第 41 届世界技能大赛	日本	法国	澳大利亚
第 42 届世界技能大赛	韩国	日本	荷兰
第 43 届世界技能大赛	日本 中国 （林春泷、钟世雄、玉海龙）	—	巴西
第 44 届世界技能大赛	日本 巴西	—	中国 （刘培桐、詹志远、高雨楠） 韩国
第 45 届世界技能大赛	中国 （彭晨晞、陈鑫鹏、曾祥博）	日本	中国台北

4.3.8 CAD 机械设计

CAD 机械设计项目是指使用 CAD 软件、三维打印机、三维扫描仪及手工测量工具，完成产品的建模设计、工程制图、工艺方案设计、逆向建模与手工测绘图、三维动画设计与产品渲染等任务的竞赛项目。比赛中对选手的技能要求主要包括：使用 CAD 软件进行产品设计；熟悉机械产品的设计规范、国际最新 ISO 制图标准，以及产品的数字化定义标准；能够熟练操作三维打印机和三维扫描仪；具备工程材料及其加工工艺知识。

奖牌榜（2011—2019 年）

赛事	金牌	银牌	铜牌
第 41 届世界技能大赛	巴西	新加坡	瑞士 英国 日本
第 42 届世界技能大赛	瑞士	韩国 巴西	—
第 43 届世界技能大赛	巴西	中国台北 中国（谭伟创）	—
第 44 届世界技能大赛	韩国	巴西 中国（陈启佳）	—
第 45 届世界技能大赛	巴西	韩国	哥伦比亚

FELDER
KOREA

K3315

4.3.9 机电一体化

机电一体化项目是指按项目要求完成设计、组装、编程、调试及优化一条自动化生产线的竞赛项目。比赛中对选手的技能要求主要包括：工作的组织与管理；电路、气路设计及选型；机电一体化系统机构组装、调整、测试；电路系统组装，电路连接及测试；气路系统安装及连接；控制系统设置、组网、编程、监控、仿真、调试运行；机电一体化系统故障查找和快速处理，以及系统指标优化等。

奖牌榜（2011—2019 年）

赛事	金牌	银牌	铜牌
第 41 届世界技能大赛	日本 巴西	—	瑞典 韩国
第 42 届世界技能大赛	巴西	中国台北 挪威	德国
第 43 届世界技能大赛	韩国	中国台北 巴西 瑞士 中国 （郭杰钊、谢坤）	—
第 44 届世界技能大赛	巴西 中国 （叶子进、邓燚祯） 日本 瑞士	—	加拿大 中国台北
第 45 届世界技能大赛	中国台北	中国 （殷成浩、谢虎）	日本 巴西 瑞士

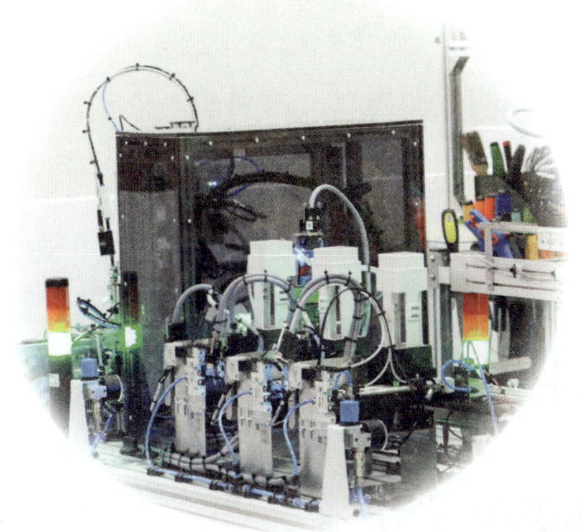

4.3.10 移动机器人

移动机器人项目是指运用相关的理论知识，结合实践操作经验，围绕机器人的机械和控制系统进行工作的竞赛项目。比赛中对选手的技能要求主要包括：能够设计、生产、装配、组建、编程、管理和保养机器人内部的机械、电路、控制系统；安装、操作机器人的控制系统；测试机器人各部件和整体性能，确保其符合行业标准。

奖牌榜（2011—2019 年）

赛事	金牌	银牌	铜牌
第 41 届世界技能大赛	韩国	日本	印度尼西亚
第 42 届世界技能大赛	韩国	伊朗	日本
第 43 届世界技能大赛	韩国 日本	—	加拿大
第 44 届世界技能大赛	韩国	俄罗斯	中国 （梁灶容、叶斌斌） 日本
第 45 届世界技能大赛	中国 （胡耿军、郑棋元）	韩国	俄罗斯

4.3.11 塑料模具工程

塑料模具工程项目是指依据项目技术要求，按照塑料产品的 2D 工程图或 3D 模型设计和制作注塑模具，并制作成塑料产品的竞赛项目。比赛中对选手的技能要求主要包括：掌握机械设计和机械制造的知识和技术，完成产品建模、模具设计、编制数控加工程序；使用加工中心对钢件进行加工形成模具零件；使用手工或电动工具对模具零件进行抛光打磨；完成模具的装配与调试；在注塑机上实现塑料零件的生产。

奖牌榜（2011—2019 年）

赛事	金牌	银牌	铜牌
第 41 届世界技能大赛	韩国	泰国	中国台北
第 42 届世界技能大赛	日本 泰国	—	中国台北
第 43 届世界技能大赛	韩国	巴西 日本 印度尼西亚	中国（黄灿杰）
第 44 届世界技能大赛	中国（张志斌）	韩国	日本
第 45 届世界技能大赛	俄罗斯	巴西	中国（卢森锐） 印度尼西亚 中国台北

worldskills

4.3.12 综合机械与自动化

综合机械与自动化项目是指使用普通机床生产加工各种零部件，将零部件装配成相应的机构或装置，同时完成电路安装、气动连接和 PLC 控制，实现机构或装置自动化运行的竞赛项目。比赛中对选手的技能要求主要包括：掌握机械工程与制造工艺、通用机床操作技能、液压与气动技术、电气安装与控制技术、机械装调与维修技能、PLC 编程与自动化控制技术，严格遵守安全与健康操作规程，完成设备的检修排查、故障诊断等，能够纠正工厂生产线存在的问题。

奖牌榜（2011—2019 年）

赛事	金牌	银牌	铜牌
第 41 届世界技能大赛	韩国	德国 巴西 日本	—
第 42 届世界技能大赛	巴西	德国 韩国 瑞士	—
第 43 届世界技能大赛	巴西	韩国	中国（方汉宏）
第 44 届世界技能大赛	巴西	瑞士 中国（唐培强）	—
第 45 届世界技能大赛	奥地利 中国（郑玉辉）	—	中国台北

worldskills
china
DMG MORI

4.3.13　原型制作

原型制作项目是指根据给定的原型设计图样，使用三维 CAD 软件进行原型三维建模和局部自由设计，并生成工程图；按照工程图的要求使用指定的材料，运用普通车削、普通铣削、数控铣削、3D 打印、手工等工艺方法制作模型，并对模型进行表面处理和喷涂装饰的竞赛项目。比赛中对选手的技能要求主要包括：工作的组织及管理能力、制图能力、原型设计能力、原型制作能力、原型喷漆和装饰能力。

奖牌榜（2013—2019 年）

赛事	金牌	银牌	铜牌
第 42 届世界技能大赛	中国台北	泰国 印度尼西亚	—
第 43 届世界技能大赛	韩国	日本	瑞士 印度尼西亚
第 44 届世界技能大赛	中国（黄枫杰）	韩国 印度尼西亚	印度
第 45 届世界技能大赛	俄罗斯	韩国	日本

worldskills
China

4.3.14 焊接

焊接项目是指按照图样要求将零部件进行组装，并使用规定的方法进行焊接操作的竞赛项目。比赛中对选手的技能要求主要包括：使用焊条电弧焊－111（SMAW）、实心焊丝混合气体（Ar+ CO_2）保护焊－135（GMAW）、药芯焊丝混合气体（Ar+ CO_2）保护焊－136（FCAW）、钨极氩弧焊－141（GTAW）进行焊接操作，理解并掌握各类焊接材料的机械和化学性能。

奖牌榜（2011—2019 年）

赛事	金牌	银牌	铜牌
第 41 届世界技能大赛	韩国	美国 中国（裴先峰） 澳大利亚	巴西 英国
第 42 届世界技能大赛	韩国	美国 巴西	澳大利亚
第 43 届世界技能大赛	中国（曾正超） 巴西	—	泰国
第 44 届世界技能大赛	中国（宁显海）	韩国 日本	中国台北
第 45 届世界技能大赛	中国（赵脯菠） 俄罗斯	—	巴西 日本 韩国

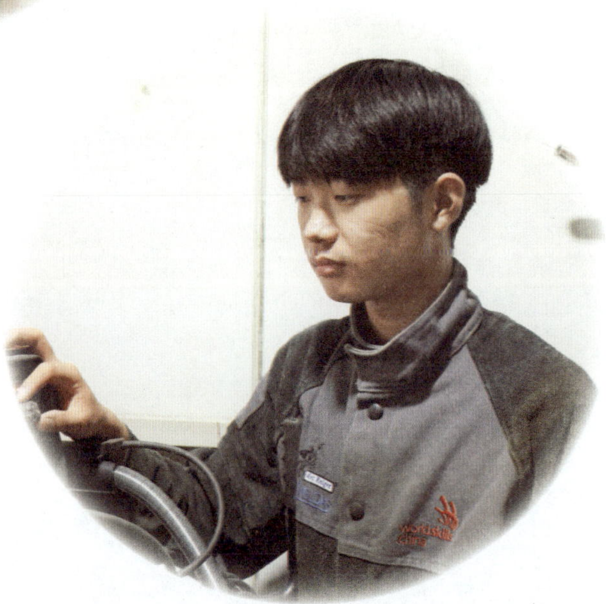

4.3.15 水处理技术

水处理技术项目是指对生活或工业供水和废水处理系统进行管理、监控和维护的竞赛项目。比赛中对选手的技能要求主要包括：观察、识别、维护、控制、维修供水和废水处理系统的设备，并拟定相应的计划和报告；掌握力学、化学、生物、电气、自动化和环境保护方面的知识；能够根据技术文件和竞赛规则，以及相关法律要求独立开展工作，在遵守安全、健康和环境保护规则的前提下，采取措施确保工作质量。

奖牌榜（2019 年）

赛事	金牌	银牌	铜牌
第 45 届世界技能大赛	中国（曾璐锋） 印度	—	新加坡

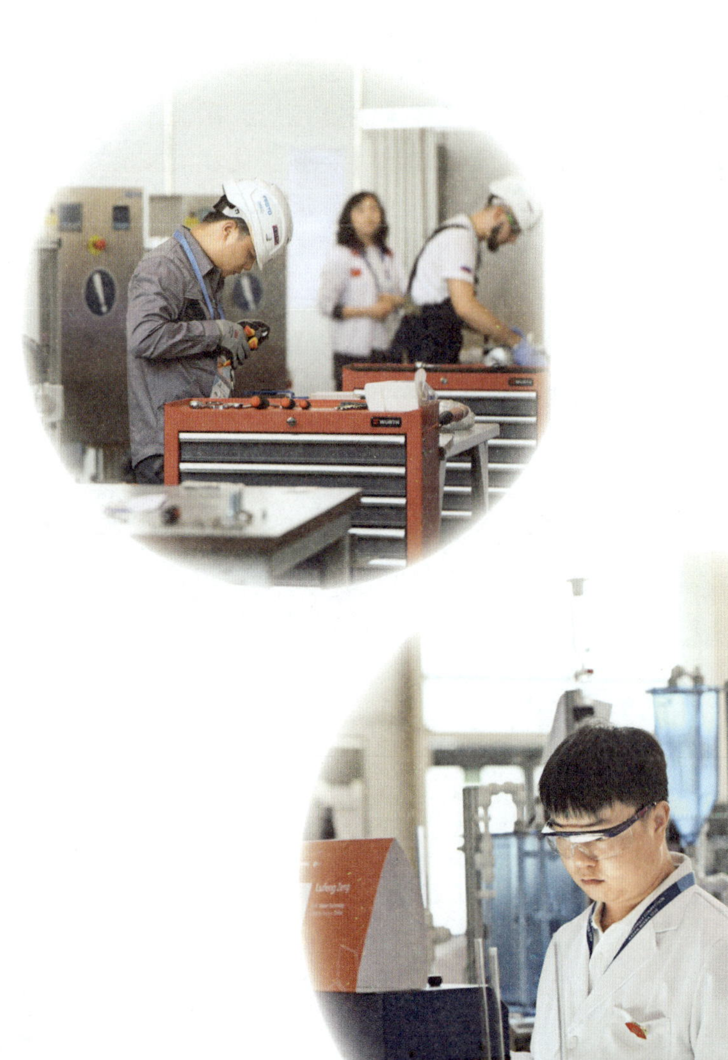

4.3.16 化学实验室技术

化学实验室技术项目是指在相关行业的质量控制部门、研究和开发部门、环境保护部门的化学实验室进行产品质量检验、一般性化学物质的合成与处置的竞赛项目。比赛中对选手的知识与技能要求主要包括：掌握无机化学、有机化学、分析化学及物理化学的基础理论知识；能够在化学类实验中根据工作任务独立制定实验方案，利用化学分析、仪器分析技术对产品进行分析并形成分析结果报告；合成有机化合物并处置与表征；在遵守安全、健康和环境保护规则的前提下，对实验室进行有效的组织与管理，确保工作质量。

奖牌榜（2019 年）

赛事	金牌	银牌	铜牌
第 45 届世界技能大赛	俄罗斯	芬兰	巴西

worldskills

4.4 信息与通信技术

4.4.1 信息网络布线

信息网络布线项目是指利用以太网技术、局域网技术和办公室及家庭网络技术，进行网络综合布线的竞赛项目。比赛中对选手的技能要求主要包括：根据布线和端接等技术标准，完成光缆、铜缆、19 寸电缆架和信息点，以及终端设备的安装；测试光缆和铜缆的性能；排除光缆和铜缆的故障；安装、调试无线网络、智能家居和网络应用等。

奖牌榜（2011—2019 年）

赛事	金牌	银牌	铜牌
第 41 届世界技能大赛	日本	韩国	新加坡
第 42 届世界技能大赛	日本	新加坡	韩国
第 43 届世界技能大赛	日本	巴西	中国（林洪伟）
第 44 届世界技能大赛	中国（梁嘉伟） 日本	—	韩国 新加坡
第 45 届世界技能大赛	日本	中国（韦国发） 俄罗斯	—

4.4.2 网络系统管理

网络系统管理项目是指设计复杂的网络系统，搭建安全可靠的数据传输网络，搭建操作系统及服务平台并对其进行管理和运行维护等操作的竞赛项目。比赛中对选手的技能要求主要包括：进行新网络系统的设计、安装、升级和配置，确保商业云计算平台服务的连续性；处理 IT 系统的崩溃问题，并进行故障排除。

奖牌榜（2011—2019 年）

赛事	金牌	银牌	铜牌
第 41 届世界技能大赛	新加坡 日本	—	伊朗
第 42 届世界技能大赛	日本 新加坡	—	中国台北
第 43 届世界技能大赛	韩国	新加坡 中国台北 匈牙利	芬兰
第 44 届世界技能大赛	韩国 俄罗斯	—	中国（肖威） 匈牙利 奥地利 日本 新加坡
第 45 届世界技能大赛	韩国	印度尼西亚 伊朗	—

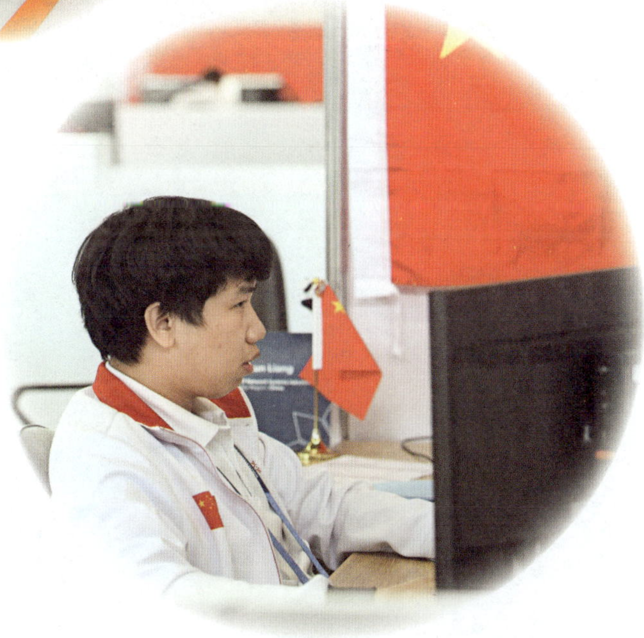

4.4.3 商务软件解决方案

商务软件解决方案项目是指使用软件开发工具开发商务软件解决方案，以支持商业营运及管理的竞赛项目。大赛要求选手使用提供的软件开发平台、数据库管理工具，按照大赛要求完成软件需求分析和设计、桌面端软件开发、移动端软件开发、文档编写及 PPT 制作和汇报等任务。比赛中对选手的技能要求主要包括：工作组织和管理、沟通技巧和人际关系的建立、问题解决、创新和创造能力、分析和设计软件解决方案、开发软件解决方案等。

奖牌榜（2011—2019 年）

赛事	金牌	银牌	铜牌
第 41 届世界技能大赛	新加坡	巴西 韩国	—
第 42 届世界技能大赛	韩国	新加坡 巴西 瑞士	—
第 43 届世界技能大赛	瑞士	韩国	越南
第 44 届世界技能大赛	俄罗斯 瑞士	—	德国 中国（杜润） 越南
第 45 届世界技能大赛	中国台北	印度尼西亚	伊朗

4.4.4 印刷媒体技术

印刷媒体技术项目是指用单张纸胶印机和数字印刷机及其他辅助设备、仪器以及相关材料，按国际、行业质量标准进行印刷品前期制作、印刷及印后加工，以获得合格印刷品的竞赛项目。比赛中对选手的技能要求主要包括：了解色彩理论、印刷机械结构知识；掌握印刷材料特性和印刷工艺；熟练操作各类胶印和数字印刷软件、印刷机、测量仪器；能够对印刷机进行日常维护保养及故障排除。

奖牌榜（2011—2019 年）

赛事	金牌	银牌	铜牌
第 41 届世界技能大赛	日本	芬兰	比利时
第 42 届世界技能大赛	瑞士	德国	中国（王东东）
第 43 届世界技能大赛	巴西	中国（张淑萍）	法国
第 44 届世界技能大赛	巴西 法国	—	瑞士
第 45 届世界技能大赛	奥地利 俄罗斯	—	瑞士

4.4.5　网站设计与开发

网站设计与开发项目是指选手利用网站设计和开发相关技术，完成包括前端脚本模块、后端应用模块、内容管理系统模块、竞速模块在内的 web 全栈开发的竞赛项目。比赛中对选手的技能要求主要包括：进行网页设计，制作前端交互动画，通过限定框架进行前端交互以及后端功能的开发，纯手工代码开发，遵守易用性和可访问性标准，注重最终产品与主流浏览器和软硬件的兼容性等。

奖牌榜（2011—2019 年）

赛事	金牌	银牌	铜牌
第 41 届世界技能大赛	巴西	韩国	中国澳门
第 42 届世界技能大赛	韩国	中国澳门	伊朗
第 43 届世界技能大赛	巴西	澳大利亚	韩国 伊朗
第 44 届世界技能大赛	韩国 俄罗斯 瑞士 中国澳门	—	—
第 45 届世界技能大赛	韩国	印度 瑞士 中国台北	—

4.4.6 网络安全

网络安全项目是指按照相关规范和标准要求对信息系统安全性进行检查、分析和评估，发现系统存在的安全隐患，并采取措施降低系统面临的安全风险，保障系统安全、稳定运行的竞赛项目。比赛中对选手的技能要求主要包括：各类软硬件设备的安全部署和配置，系统安全漏洞的检测、监控和修复，网络安全事件的应急响应、调查取证和系统恢复，新安全技术的跟踪、学习和应用。世界技能大赛网络安全项目比赛的赛程为 4 天，共设置 3 个模块，分别是基础设置和安全强化模块，网络安全事件响应、数字取证调查和应用程序安全模块，夺旗行动（CTF）挑战模块。

奖牌榜（2019 年）

赛事	金牌	银牌	铜牌
第 45 届世界技能大赛	俄罗斯	中国（肖子彤、冯柱天）	日本

4.4.7 云计算

云计算项目是指在公共云环境中设计并实现信息技术基础架构的竞赛项目。该竞赛项目的考核内容主要有公共云环境创建、公共云业务部署、公共云综合运维。比赛中对选手的技能要求主要包括：依据设计图样配置系统网络连接，依据信息系统结构考核公共云平台资源的创建和删除，公共云服务的使用，根据需求在公共云资源上部署对应的应用并进行运维和故障排查等。比赛中要求选手对竞赛现场环境的云计算项目需求进行分析、设计、部署、测试、监控，满足竞赛项目应用的高性能、高可用、安全性、降低成本等要求。

奖牌榜（2019 年）

赛事	金牌	银牌	铜牌
第 45 届世界技能大赛	爱尔兰	巴西	日本

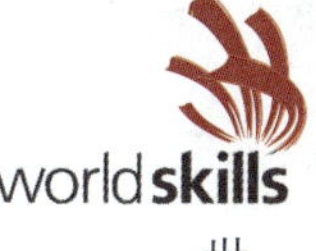

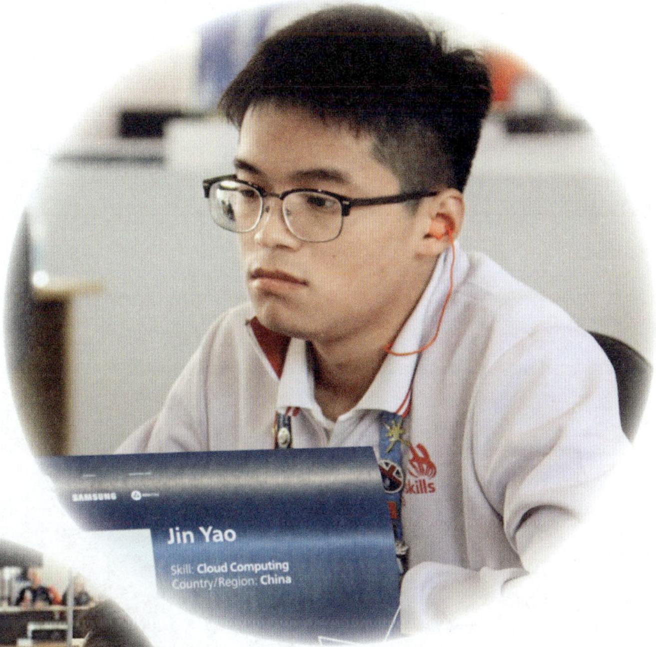
SAMSUNG
Jin Yao
Skill: Cloud Computing
Country/Region: China

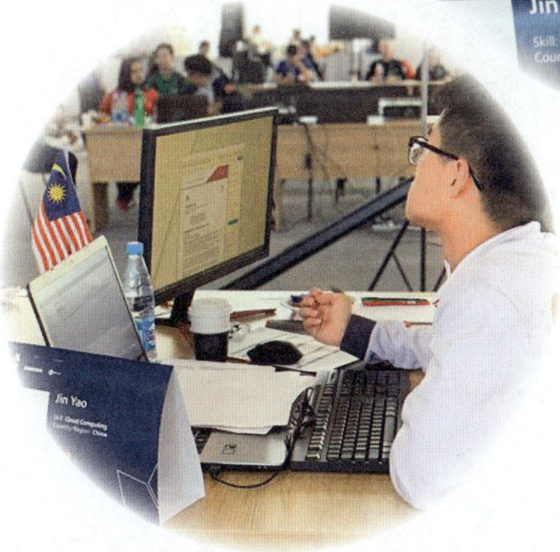
Jin Yao

4.5 创意艺术与时尚

4.5.1 时装技术

时装技术项目是指运用时装设计、制版、制作、材料、色彩和装饰等方面的专业知识，按照要求完成时装的设计、制版、裁剪、缝制和装饰等工作的竞赛项目。比赛中对选手的技能要求主要包括：根据服装面料、特定市场和流行趋势进行服装设计；完成系列款式设计图；依据技术图进行制版；依据图样完成立体裁剪；依据试题内容完成大衣的设计、制版、制作及熨烫；熟悉各种服饰材料的性能；熟练运用手工缝制和装饰技术完成服装制作；熟练使用专业设备。

奖牌榜（2011—2019 年）

赛事	金牌	银牌	铜牌
第 41 届世界技能大赛	瑞士	中国澳门 中国台北 泰国	—
第 42 届世界技能大赛	芬兰	法国	中国台北 瑞士
第 43 届世界技能大赛	中国台北 巴西	—	中国（陈碧华）
第 44 届世界技能大赛	中国（胡萍）	巴西	中国台北
第 45 届世界技能大赛	中国（温彩云）	巴西 中国台北	—

worldskills

4.5.2 花艺

花艺项目是指根据花艺设计的构图、色彩理论、设计理念和技艺，合理选择并运用植物以及植物器官（花、叶、果、枝等）和装饰材料，正确使用工具对植物进行再加工和养护，设计制作花艺作品的竞赛项目。比赛中对选手的技能要求主要包括：空间构成能力、色彩运用能力、创意能力和精湛的材料运用能力。4 天比赛时间一般需在规定时限内按照试题要求完成 8 ~ 9 个花艺作品，其中包括不少于 4 个惊喜项目。

奖牌榜（2011—2019 年）

赛事	金牌	银牌	铜牌
第 41 届世界技能大赛	韩国	中国台北	芬兰
第 42 届世界技能大赛	中国台北 韩国	—	芬兰
第 43 届世界技能大赛	意大利南蒂罗尔	韩国	德国
第 44 届世界技能大赛	中国（潘沈涵）	韩国 法国	—
第 45 届世界技能大赛	奥地利 意大利南蒂罗尔 俄罗斯 中国（陆亦炜）	—	—

4.5.3 平面设计技术

平面设计技术项目是指在规定时间内完成广告和展示设计、编辑设计和新媒体、企业和信息设计、包装设计四个竞赛模块的创意艺术与时尚类竞赛项目。比赛中对选手的技能要求主要包括：了解客户的需求并为客户提供解决问题的独特设计方案；熟练操作平面设计相关软件；掌握设计文件输出制作规范和在线出版生产技术；能应用广告创意技巧进行图形设计、字体设计、出版物设计、企业形象设计、包装设计、交互信息设计等。

奖牌榜（2011—2019 年）

赛事	金牌	银牌	铜牌
第 41 届世界技能大赛	意大利南蒂罗尔	巴西 法国	—
第 42 届世界技能大赛	巴西 印度尼西亚	—	中国台北
第 43 届世界技能大赛	意大利南蒂罗尔	中国台北 巴西	—
第 44 届世界技能大赛	中国台北	中国（方悦芝）	意大利南蒂罗尔
第 45 届世界技能大赛	中国台北	奥地利 法国	印度

4.5.4 珠宝加工

珠宝加工项目是指使用贵金属为不同的客户制作独一无二、美丽和持久的珠宝的竞赛项目。比赛中对选手的技能要求主要包括：完成珠宝 3 组件的加工和 1 组件的设计，组装成品珠宝；解读组件或珠宝首饰图样；按照指定要求创作部分组件；了解贵金属型材的制作，了解其含量及性质；懂得常见的设计特征；根据要求切、锯和塑形金属型材；制作珠宝部件，会用焊接技术连接珠宝小件。

奖牌榜（2011—2019 年）

赛事	金牌	银牌	铜牌
第 41 届世界技能大赛	韩国 巴西	—	日本 法国
第 42 届世界技能大赛	韩国	澳大利亚 伊朗 巴西	—
第 43 届世界技能大赛	巴西	澳大利亚	韩国
第 44 届世界技能大赛	俄罗斯	巴西	中国台北 中国（胡凡） 法国
第 45 届世界技能大赛	俄罗斯	中国（陈奇亮）	印度 伊朗

4.5.5 商品展示技术

商品展示技术项目是指在规定的时间内，根据商家特殊要求或指定的客户、产品概要信息，做好时间管理计划，利用所提供的商品、材料和工具，基于 WSSS 标准和行业标准，通过市场调研、方案设计、道具制作等一系列特定的设计实施和技能展示，自行完成一个完整的商品橱窗设计和商品陈列，并使用照明和空间原理，运用视觉手段将产品的特性融入橱窗创意，直接与目标客户进行营销传达、沟通，以提高商品吸引力和客户满意度，实现商品销售最大化的竞赛项目。比赛中对选手的技能要求主要包括：工作程序组织和自我管理，沟通和人际关系的技巧，解决问题、创新和创造力，元素概念的理解能力，目标市场和客户群体的定位，时尚潮流与趋势的探索，娴熟的设计技能和实施能力，以及对空间、细节、完美度的把控等。

奖牌榜（2011—2019 年）

赛事	金牌	银牌	铜牌
第 41 届世界技能大赛	英国	荷兰	新加坡
第 42 届世界技能大赛	荷兰	拉脱维亚	巴西
第 43 届世界技能大赛	荷兰	瑞典	新加坡
第 44 届世界技能大赛	荷兰	俄罗斯 英国	—
第 45 届世界技能大赛	俄罗斯	中国（罗丽萍）	瑞典

worldskills

4.5.6 3D 数字游戏艺术

3D 数字游戏艺术项目是指按照游戏设计生产流程，在规定的时限内和高压的状态下完成概念设计、3D 建模、展 UV 与绘制贴图、绑定动画与引擎输出 4 个竞赛模块的操作的竞赛项目。

奖牌榜（2017—2019 年）

赛事	金牌	银牌	铜牌
第 44 届世界技能大赛	新加坡	韩国	中国（郑宗林）
第 45 届世界技能大赛	新加坡	中国（何定钧）	俄罗斯

worldskills

4.6 社会与个人服务

4.6.1 烘焙

烘焙项目是指制作各种烘焙产品并将其投入市场以备商用，制作精致的装饰面包以供展示的竞赛项目。比赛中对选手的技能要求主要包括：制作各种各样的烘焙产品；利用自身技能制作精致的装饰面包；根据原料质量、食品卫生及安全等要求制作产品；调整配方并适应环境变化；工作效率高；用料节俭；艺术创新和创造力等。

奖牌榜（2015—2019 年）

赛事	金牌	银牌	铜牌
第 43 届世界技能大赛	韩国	巴西	丹麦
第 44 届世界技能大赛	中国（蔡叶昭） 法国 瑞士	—	中国台北
第 45 届世界技能大赛	瑞士 中国台北	—	中国（张子阳）

4.6.2 美容

美容项目是指综合运用面部皮肤护理、身体护理、化妆、美甲、美睫、脱毛等方面的专业知识和技能，根据比赛要求和顾客实际情况，完成顾客面部和身体护理及外在形象设计和修饰的竞赛项目。比赛中对选手的技能要求主要包括：具备良好的职业形象，全面系统的医学、化妆品学、电学、美学、设计学等专业知识，掌握精湛的美容、美体、美甲、化妆、美睫等专业技能，具有强烈的服务意识、真诚的服务态度及服务能力等综合素质。

奖牌榜（2011—2019 年）

赛事	金牌	银牌	铜牌
第 41 届世界技能大赛	新加坡	芬兰	加拿大
第 42 届世界技能大赛	中国台北 新加坡	—	瑞典
第 43 届世界技能大赛	英国	韩国 日本	瑞典
第 44 届世界技能大赛	英国	中国（梁英英） 韩国	澳大利亚 中国香港
第 45 届世界技能大赛	英国	中国（李真芹）	韩国

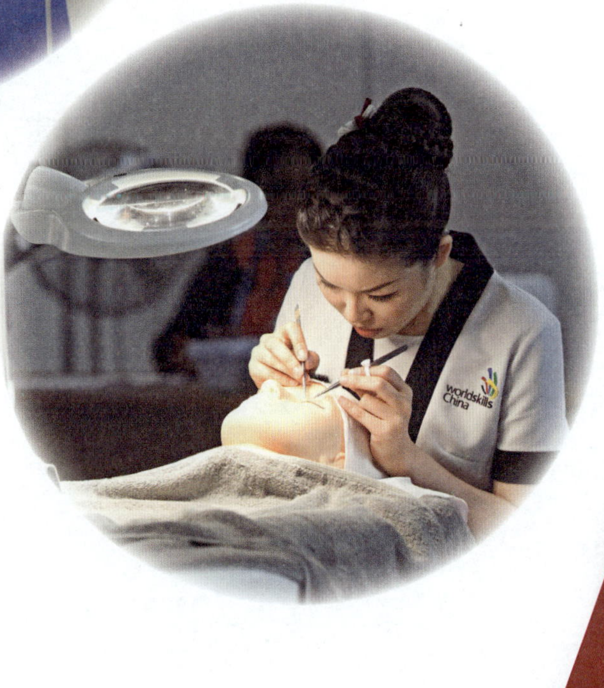

4.6.3 糖艺／西点制作

糖艺/西点制作项目指运用艺术才能和美食禀赋，在规定的时限和预算内，为不同场合制作精美绝伦、口味出众的高质量糖艺作品、糕点与甜品的竞赛项目。竞赛赛程为4天，共有4个模块。模块一是糖艺展示作品；模块二是庆典蛋糕制作；模块三是巧克力糖果制作；模块四是甜点制作，此模块属于神秘模块，考验选手的临场技能发挥。比赛中对选手的技能要求主要包括：环保节约、有序计划、卫生安全意识；理解不同原材料的特性并通过正确的方法加工原材料；理解食材的色彩搭配、口味组合和质地协调；用不同材料制作糖果、巧克力和糕点，并运用巧思对其进行装饰。

奖牌榜（2011—2019年）

赛事	金牌	银牌	铜牌
第41届世界技能大赛	法国 日本 奥地利	—	瑞士 韩国
第42届世界技能大赛	韩国	法国	中国台北
第43届世界技能大赛	韩国	法国	日本
第44届世界技能大赛	芬兰	奥地利 法国 印度	—
第45届世界技能大赛	韩国	中国（钟玲铁）	中国台北

4.6.4 烹饪（西餐）

烹饪（西餐）项目是指选手在 16 个小时内准备 4 道 16 份高质量菜品，包括汤、主菜、甜点；依据商业厨房规则，考核订购、储存、准备、加工食材和展示菜品能力的竞赛项目。赛前最后时刻揭晓主要神秘食材和举办国食材是项目的最大难点和亮点。

奖牌榜（2011—2019 年）

赛事	金牌	银牌	铜牌
第 41 届世界技能大赛	英国 挪威	—	奥地利
第 42 届世界技能大赛	奥地利	法国	中国台北 挪威 瑞士
第 43 届世界技能大赛	中国台北	韩国 加拿大 瑞士	巴西
第 44 届世界技能大赛	意大利南蒂罗尔	泰国	丹麦 马来西亚 奥地利
第 45 届世界技能大赛	俄罗斯	波兰	中国（蔺永康）

worldskills

VOLUNTEER

4.6.5 美发

美发项目是指对男士和女士头发进行剪发、烫发、染发、接发、造型及男士胡须设计处理和养护等操作，以表现客人外形和个性的竞赛项目。比赛中对选手的技能要求主要包括：具有丰富的美发相关理论知识，在工作组织管理、健康安全及客户沟通等方面体现良好的职业素养，运用娴熟的专业技术完成要求很高的剪发、染色、造型等操作。正确选择和使用化学品，根据要求进行特殊头发护理。具备较好的摄影能力和审美能力。

奖牌榜（2011—2019 年）

赛事	金牌	银牌	铜牌
第 41 届世界技能大赛	法国	韩国	澳大利亚 芬兰
第 42 届世界技能大赛	法国	中国（胡已雪）	韩国
第 43 届世界技能大赛	中国（聂凤）	法国	韩国 马来西亚 中国台北
第 44 届世界技能大赛	法国	芬兰 俄罗斯	—
第 45 届世界技能大赛	中国（石丹）	俄罗斯	英国

WorldSkills
Competitor
Dan Shi

4.6.6　健康和社会照护

健康和社会照护项目是指为顾客、患者提供符合健康需要的身体和心理照护及家庭和社会的支持，促进个人的疾病康复，加强自我健康管理，以获得高质量生活的技术竞赛项目。比赛中对选手的技能要求主要包括：具备评估和发现问题及需求、做好照护计划的能力，掌握多种疾病和健康相关知识及诊疗照护技术及方法；与顾客良好且有效地沟通，教育患者及家庭改变生活方式、加强自我管理，以及如何传递人文关怀、合理利用资源，促进康复和健康生活的管理能力。比赛以真实案例和任务为基础，演员扮演的标准病人为配合，充分体现沟通和动手能力，需要选手充满关爱、灵活创新，融入实战场景中，展示健康和社会照护的精髓。

奖牌榜（2011—2019 年）

赛事	金牌	银牌	铜牌
第 41 届世界技能大赛	新加坡	芬兰 瑞典	—
第 42 届世界技能大赛	新加坡	芬兰	意大利南蒂罗尔
第 43 届世界技能大赛	挪威	意大利南蒂罗尔	新加坡
第 44 届世界技能大赛	芬兰	瑞士	新加坡
第 45 届世界技能大赛	新加坡	巴西	瑞典

worldskills

WorldSkills
Expert

4.6.7 餐厅服务

餐厅服务项目是指考核选手对客礼仪，推销技巧，桌前菜肴制作，酒水及咖啡制作，以及各种西餐形式服务的竞赛项目。比赛中对选手的技能要求主要包括：具备广泛的国际餐饮知识；掌握一套完整的服务总规则；沉着、机智，良好的仪容仪表及行为举止，能与客人进行良好互动；灵活服务，根据不同场合提供适宜的服务；遵循职业健康与安全规范，最低浪费及环保操作的有关规范。

奖牌榜（2011—2019 年）

赛事	金牌	银牌	铜牌
第 41 届世界技能大赛	瑞士	澳大利亚 芬兰	—
第 42 届世界技能大赛	瑞士	澳大利亚 中国台北 德国	奥地利
第 43 届世界技能大赛	奥地利 爱尔兰	—	巴西
第 44 届世界技能大赛	瑞士	印度尼西亚 中国台北	奥地利
第 45 届世界技能大赛	瑞士	法国	泰国

4.6.8 酒店接待

酒店接待项目是旅游服务业的一项竞赛项目，是酒店关键的形象窗口，更是一门对客接待服务艺术。比赛中对选手的技能要求主要包括：职业形象、礼仪修养、沟通表达艺术、宾客公共关系、销售技巧、英语书面和口语表达、旅游文化知识、解决突发事件的能力、计算机互联网应用、收银知识、预定程序、接待问询、入住退房等业务知识和技能的熟练应用。

奖牌榜（2019 年）

赛事	金牌	银牌	铜牌
第 45 届世界技能大赛	俄罗斯	奥地利	瑞典

56